글을 잘 쓰기 위해 글을 쓰진 않습니다만

글쓰기에 진심입니다

글을 잘 쓰기 위해 글을 쓰진 않습니다만 **글쓰기에 진심입니다**

초판 1쇄 발행 | **2021년 12월 15일**
초판 3쇄 발행 | **2022년 10월 7일**

지은이 유미
발행인 이승용

편집주간 이상지 | **편집** 임경미 김태희 이수경
마케팅 이정준 정연우
북디자인 이영은 | **홍보영업** 백광석
제작 백작가

브랜드 치읓
문의전화 02-518-7191 | **팩스** 02-6008-7197
홈페이지 www.shareyourstory.co.kr
이메일 publishing@lovemylif2.com

발행처 (주)책인사
출판신고 2017년 10월 31일(제 000312호)
값 14,800원 | ISBN 979-11-90067-51-5 (03320)

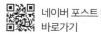 네이버 포스트 [책인사]
바로가기

 네이버 카페 [작가수업]
바로가기

글을 잘 쓰기 위해
글을 쓰진 않습니다만

글쓰기에
진심입니다

유미 지음

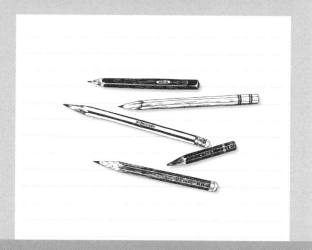

"당신이 글을 썼으면 좋겠습니다"

살기 위해, 살아남기 위해
글을 쓰기 시작한 사람들에게 꼭 전해주고 싶은
7가지 이야기

2022
세종도서
교양부문

독자 기대평 및 팬 응원 메시지

슬픔과 희망의 영역을 자유로이 넘나드는 그녀의 글에는 늘 사람 냄새가 배어 있다. 간결하면서도 깊이 있는 글을 통해 행복의 지름길을 찾기 바란다.

한상권(《무엇이 당신을 움직이게 만드는가》, 《나는 아프지 않은 척했다》 저자)

묵묵히 써 내려간 그녀의 글에는 자신에 대한 성찰과 주변 사람들에 대한 관심이 있다. 엄청난 양의 독서량과 매일 몇 시간 이상 글을 쓰며 다져진 그녀의 내공이 고스란히 들어간 이 책. 읽지 않을 수 없다.

행복한곰돌

유미 작가가 보여준 글과 행동은 꿈을 향한 희망을, 아픔에 대한 위로를, 인생에 대한 감사를 느끼게 한다. 이미 너무나 많은 사람에게 글로써 좋은 영향력을 주고 있는 유미 작가의 이성적이면서도 따뜻한 글이 더욱 많은 사람에게 읽히길 바란다.

오니온 정홍은

그녀의 글에는 나눔이 있다. 그녀의 글을 읽으면 나만 잘나고 싶은 욕심이 부끄러워진다. 혼자가 아닌 같이의 가치를 보여주는 그녀의 글을 오래도록 보고 싶다.

바다수달

작가님의 글을 통해 나의 상처를 드러내고 어루만지며 새살이 돋았습니다. 내꿈소생 카페와 꿈산책가님 덕분입니다. 늘 감사합니다.

꼬야

그녀의 이야기는 지적인 냉철함이 있다. 동시에 마음 깊숙이 보들보들 새싹을 키우는 따뜻한 햇살이 비친다. 그녀는 팔색조의 매력을 가진 신비로운 열정가이다.

해피영희

함께 꿈을 꾸자고 하고, 그 꿈들을 함께 실현시키는 내꿈소생의 유미작가님. 책을 읽고 글을 쓰는 하루 루틴으로 더 단단해진 작가님의 진심 덕분에 글쓰기를 실현해 보고자 합니다.

로미

'자신의 삶에 충실한 자의 기록 그리고 그 울림'
유미 작가의 글을 이렇게 정의하고 싶다. 2019년부터 꾸준히 글을 읽고 쓰고 많은 분들과 함께 일상에 대한 감사와 응원을 해주며 성장해 온 것을 지켜보았다. 작가의 일상에 대한 충실함 그리고 감사함이 있기에 모두가 그 울림을 느꼈다고 생각한다. 내가 그랬던 것처럼, 이 책을 읽는 모두가 유미 작가의 글을 통해 특별함은 나의 일상 속에 있다는 것을 발견하길 바란다.

벤자민리

유미 작가를 처음 만난 2019년. 매일 새벽, 작가가 되겠다던 그녀의 확언은 2020년 정말로 이루어졌다. 그녀는 보통 사람이다. 하지만 이것이 분명히 다르다. 언제나 한결같고 치밀하게 보통 이상의 노력을 한다. 그녀의 글이 더욱 값진 이유다. 옆집 언니 같다가도 카리스마 내뿜는 리더가 되고, 구멍 뚫린 털털이 같다가도 치밀함의 끝을 보여주는 이벤트 기획가가 되는 그녀. 거짓 없는 노력, 따뜻한 위로, 글을 쓸 수 있다는 용기를 느끼고 싶다면 그녀의 글을 꼭 읽어보길 바란다.

말복이

작은 고민, 그 고민으로 인해 숨쉬기까지 힘들었다고 말하기도 어려운 나만의 작은 고민이었지만, 그 작은 고민을 똑같이 느끼고 이야기하는 그녀의 글을 통해 위로를 받았다. 그녀의 글이 주는 공감. 그리고 마법과 같은 매력을 사랑한다.

경험수집가 최윤정

큰 파도에 난파될 수도 있었던 상황에서 자신만의 루틴으로 위기를 이겨냄은 물론, 꿈을 잃어버린 다른 사람들의 삶까지 챙겨준 유미 작가의 따뜻한 마음을 사랑한다.

희야

유미 작가의 글은 읽으면 읽을수록 더 빠져듭니다. '너 잘 살아 낼 수 있어, 할 수 있어! 한번 해봐!'라고 내 안에 잠든 아이를 깨워주는 따뜻한 배려가 있어요. 덕분에 다시 시작하는 용기를 냅니다.

스마일 힐러 추예림

유미 작가의 글에는 삶에 지쳐 무너지는 사람들이 스스로 해답을 찾게 할 수 있는 힘이 있다. 이 책을 읽으면서 무심히 고개를 끄덕이다 자신도 모르게 연필을 들게 될지도 모른다.

캘리그라퍼 춘봉 최선애

그녀의 글은 평범한 것 같지만 자꾸 다음 내용이 궁금해지는 묘한 매력이 있어요. 공부, 일, 춤, 보드. 그녀가 관심 있어 하는 분야는 모두 정복하고야 마는 만능 엔터테이너. 근데 글까지 잘 쓰는 건 너무 사기캐 아니냐구요.

해피베리 지승연

꿈산책가님을 알게 되어 일상이 기쁨이 되고 행복입니다. 항상 응원합니다.

김지원

유미 작가의 글을 읽고 있으면 내 마음속을 긁어주는 것과 같다. 독자의 마음을 긁어주고 진정으로 소통하는 것이 무엇인지 아는 작가와 함께할 수 있어 기쁘다.

러블리쩡이

유미 작가의 글에는 AI 급 정보지 같은 냉철함과 깊은 따뜻함, 그리고 개그가 동시에 담겨있다.

오아시스 이민정

유미 작가는 캥거루 주머니를 가지고 있는 사람이다. 용기가 부족한 사람에게는 용기를, 상처가 있는 사람에게는 치유 연고를, 따뜻함이 필요한 사람에게는 제 몸 덮어 안아줄 줄 아는 사람이다. 꿈이 무엇인지 찾지 못하는 나 같은 사람에게는 길을 알려주기보다는 길을 찾는 법, 지도를 보는 법을 가르쳐 준다. 정작 할 수 없을 것 같던 일들도 할 수 있겠다는 생각을 하게 만들어 주는 마술봉도 주머니 안에 가지고 있다. 바닥이 드러나지 않는 그 주머니에서 또 어떤 영향력이 나올지, 정말 기대가 된다.

울산오동통 손미영

쓴다면 쓴다!!! 유미 작가의 꿈이 현실이 된 이유는, 그녀의 행동과 의지의 바탕에 다른 이들과 함께 나누려는 진심이 있기 때문이다. 그 마음이 책을 통해 많은 사람에게 이어지길 바란다.

짜이

강단 있는 쎈언니 같지만 알고 보면 외강내유, 따뜻한 마음의 소유자! 거기에 위트까지 지닌 유쾌 상쾌 매력 부자♥ 다방면에서 재능을 펼치고 있지만 그것을 혼자만의 것으로 남겨두지 않고 꿈을 꾸는 사람들에게 재능을 아낌없이 나누는 내꿈소생의 표본♥

밍그래

따뜻한 위로의 글로 마음을 치유해 주고, 숨어있던 열정도 끄집어내어 다시 가슴 뛰게 하는 글쓰기계의 의사 선생님!

해피신디

평범한 삶,
평범한 글쓰기

 즐겨보는 예능 프로 〈유퀴즈〉에서는 다양한 사람들의 이야기를 만날 수 있다. 역사의 흔적을 모으는 역사 선생님, 화가에서 승무원, 변호사, 그리고 경찰까지 다양한 직업 이력을 가진 사람, 손 모델, 국과수의 연구원이나 법의학자 등 평소에 쉽게 만나기 어려운 희귀한 직업인들, 미국 경연 프로에 나가 화제가 되었던 여성 듀오, 커피나 떡볶이 등 자신이 좋아하는 것에 푹 빠져 외길 인생을 걸고 성공한 이들, 전국 수능 1등, 국제 물리 올림피아드 금메달 수상자 등 하나같이 남다른 사람들. 유명한 연예인은 아니지만 한 명 한 명이 전하는 울림이 대단했다. 그들의 이야기가 감동적일수록 내 안에서 피어난 시기심은 더 거세게 휘몰아쳤다. 나에게도 이런 스토리가 있었으면 하는 시기심이 솟구쳤다.

스토리는 왜 힘을 가질까? 이야기는 기-승-전-결의 구조를 가질 때 사람을 끌어당기는 힘을 가진다. 그들이 살아온 삶 자체가 이런 탄탄한 구조를 가졌으니, 흥미롭게 느껴지는 게 당연했다. 입사 면접, 국회의원 선거, 각종 오디션, 어디에서든 스토리를 가진 이들은 특별한 힘을 발현했다. 사람들은 그들이 가진 이야기에 매료되어 그들을 선택했다. 그에 비해 반전 재미나 반짝이는 스토리가 없는 내 삶은 밋밋하고 평범해 보였다. 이토록 평범한 내가 전하는 이야기가 과연 흥미로울까 싶었다. 그렇다고 경험하지도 않은 일을 마치 경험한 것처럼 포장하여 관심을 끌고 재미를 전할 수도 없는 노릇이었다. 그러니 매일 빈 페이지를 마주할 때마다 겁이 날 수밖에.

전문가 수준의 깊이가 있는 분야가 있다면, 경험이 수반되지 않은 글쓰기도 가능하다. 자신의 전문 분야를 대중이 바라보는 눈높이에 맞춰 쓴다면, 사람들이 어렵게 느끼는 논문과 달리 훌륭한 글과 책이 될 것이다. 평범한 대학을 나와 대기업 직장인으로 17년을 일해 왔다. 보통 한 분야에서 10년 이상 경험을 쌓으면 전문가라 부를 수준이 되어야 마땅하다. 안타깝게도 조직의 규모가 클수록 한 개인이 감당해야 할 업무 범위와 책임은 한정적이다. 핑계 같겠지만, 이런 이유로 여전히 "나는 무언가의 전문가입니다"라고 말할 그 '무언가'가 뭔지 모르겠다. 업무 경력이 무색하게도 말이다.

매일 글을 쓴 지도 어느덧 2년이 넘었다. 그렇지만 매번 새로운 두려움을 느꼈다. 글을 써야 한다는 마음으로 빈 페이지를 마주하면 덜컥 겁부터 났다. 대체 이 텅 빈 화면을 무엇으로 가득 채워야 할까? 어떤 에피소드를 건져 올려야 할까? 왜 내게는 평범한 경험밖에 없는 걸까? 이런 자괴감 섞인 질문을 쏟아냈다. 드라마틱하게 굴곡진 경험도 없는 내가 책을 쓰겠다는 건 무모한 도전이 아닐까 싶었다. 인생의 바닥을 찍고 올라온 경험 부자들이 부러웠다.

자신의 이야기를 책으로 쓴다는 것은 어떤 의미일까? 인생 처음으로 나 자신이 소멸될 만큼 아팠을 때 글쓰기를 시작했다. 평범하고 고요했던 삶이 처음 맞이한 물보라는 감당할 수 없을 만큼 거대해 보였다. 세상에서 가장 불행한 사람은 나 자신이라고 단언했다. 내 이야기를 전하는 게 굉장히 특별하다고 느꼈다. 누군가를 위로할 수 있으리라 생각했다. 혹은 용기도 줄 수 있으리라 생각했다. 그런데 아니었다. 글 쓰는 삶을 시작하고 주위를 둘러보니, 집채만 하다고 느꼈던 파도가 그 정도는 아니었다. 그마저도 결국 희미해지며 잊혔다. 나를 할퀴었던 고통의 중심에서 한 걸음 비켜서서 바라보니, 그 이야기로 사람들을 위로하고 용기를 주는 글을 쓰는 게 어려웠다.

내가 쓴 글을 가장 여러 번 읽는 사람은 누구일까? 바로 나였다. 그럼 누가 가장 위로를 받고 용기를 얻을까? 그 역시 바로 나 자신이었다. 내가 쓴 글은 나의 내면을 향하고 있었다. 고통의 중심에서 벗어난 것도 매일 글을 토해낸 덕분이었다. 매일 쓰고 다시 읽으면서 나도 모르게 조금씩 치유되고 있었다. 대중의 잣대로 봤을 때는 평범할지 모르지만, 내게는 특별하고 반짝이는 이야기였다. 평범한 글쓰기가 아닌 책을 쓰겠다는 목적이라면 글을 읽게 될 독자를 좀 더 생각해야 한다는 것쯤은 나도 알고 있다. 그러나 여전히 글쓰기가 가지는 제1의 효능은 자기 치유가 아닐까 싶다.

비슷한 상황이 반복되는 일상이었다. 새벽에 일어나 잠이 덜 깬 상태로 출근하고, 커피로 잠을 깨우고, 메일함에 쌓인 업무를 처리했다. 중간중간 치고 들어오는 요청들에 대응하다 보니 어느새 주위가 어둑어둑해졌다. 시계를 보니 퇴근 시간이었다. 지친 몸으로 퇴근해 유튜브와 인스타를 뒤적이다 까무룩 잠이 들었다. 보통의 직장인이라면 대체로 이와 비슷한 일상을 보내지 않을까?

매일 글을 쓰려니 결국 평범한 일상이 글감이 되었다. VOD 다시 보기를 하듯 그만그만한 일상을 반복했지만, 그 안에서 느꼈던 감정은 매일 달랐다. 마땅한 다른 글감이 없으니 같은 상황 속 다른 감정을 매일 글로 쏟아냈다. 포털 사이트 메인을 장식한 자극적인 뉴스 기사를 보는 대신 그동안 써온 글을 자주 들여다보았다. 그 속에 비슷한 상황에서 이렇게도 느꼈다가 저렇게도 느꼈다가 갈팡질팡하는 내가 있었다. 신기하기도 하고 부끄럽기도 했다. 글을 쓰지 않았다면 몰랐을 기묘한 모습이 내가 쓴 글 속에 남았다.

제1부 글쓰기에 진심입니다

WHY_____ 내가 글을 쓰게 된 이유

WHAT_____글을 잘 쓰기 위해 글을 쓰지 않습니다

HOW_____일단, 쓰세요

제2부 '글'을 쓰길 바랍니다

제1부

글쓰기에 진심입니다

WHY

내가 글을 쓰게 된 이유

지금, 마음이 어떠세요?

천방지축 뛰어다니면서 많이 부딪히고 넘어지는 아이였다. 긁히고 피가 맺힌 무릎은 내가 노상 달고 다니던 쓰라린 훈장이었다. 안 그래도 아픈데 상처를 소독하는 일은 어린 소녀에게는 너무한 일이었다. 고름이 차올라 눈살을 찌푸리게 만드는 상처를 친구들에게 보여주는 것도 너무한 일이었다. 10대 소녀답게 이런 너무한 일들을 요리조리 피해 다녔다. 저녁 준비로 바쁘신 엄마 눈을 피해 소독도 하지 않고 무턱대고 큰 밴드로 상처를 가려버렸다. 고름과 진물이 눈에 보이지 않으니 일단 마음은 편했다. 아픈 것도 어느새 싹 다 나은 기분이었다. 그러나 개운한 기분과 달리 상처는 쉽게 회복되지 않았다. 마르지 않는 진물과 함께 여러 날을 보내야 했다. 넘어져 상처가 났던 그때 어떻게 해야 했을까? 해답은 드러내기였다. 보기 흉하고 쓰라리더라도 상처를 드러내고 소독해 주어야 했다. 마음의 상처도 다르지 않다.

마음의 병이 심해지면 우울증이 온다고 한다. 우울증이 '마음의 감기'라고 하던 전문가들이 언제부터인가 우울증을 '마음의 암'이라고 부른다. 감기와 암은 치료 방법이 하늘과 땅 차이인데, 우울증은 감기도 됐다 암도 됐다 하는 건가? 26주간 정신과 전문의와 나눈 대화를 엮은 《죽고 싶지만 떡볶이는 먹고 싶어》를 쓴 백세희 작가는 10년 넘게 기분 부전 장애를 앓고 있다고 했다. 기분 부전 장애? 검색해 보니 가벼운 우울 증상이 지속되는 상태라고 했다. 모호했다. 불면, 과다수면, 식욕부진, 과식, 활력 저하, 피로감, 자존감 저하, 집중력 감소, 의사결정 곤란, 절망감, 이 중 두 가지 이상에 해당되면 진단이 내려진다고 했다. 이 정도 체크리스트라면 나 또한 우울증의 범주에 충분히 들어가겠다 싶었다.

우리는 먹고살아야 한다는 미명 하에 감정을 절제한다. 사회가 요구하는 규정과 기대에 자신을 맞추며 살아간다. 그 결과 자기 자신은 소멸되어 간다. 마음의 배터리가 방전 직전까지 가서야 정신과 전문의를 찾아 '우울증' 진단을 받는다. 만성적인 '나' 기근으로 일상 중 시도 때도 없이 마음이 아프고 우울한 현재를 살고 있다. 이런 우리 모두를 '우울증'이라는 동일 코드의 질병으로 묶어 같은 약물 처방을 내리면 문제가 해결될까? 정신과 전문의이기도 한 정혜신 작가는 《당신이 옳다》에서 이에 대한 해결책으로

'정확한 공감' 즉, '심리적 CPR'을 제안했다. 이는 '너는 옳다'라는 전제하에 '네 마음이 어떠니?'라고 물어봐 주는 것이다. 도대체 얼마나 힘들었는지 그 감정과 느낌에 초점을 맞추고 묻고 들어주는 것이다. 작가는 이것만이 분별없는 약물치료가 해결하지 못하는 현대인의 아픈 마음을 치유할 수 있다고 쓴소리를 하였다. **글쓰기는 내가 나에게 해주는 심리적 CPR 이었다. 글을 쓰며 '마음이 어떠니?'라고 스스로 묻고 들어주며 내 마음에 정확히 공감했다. 글쓰기를 통해 숨을 고르고 다시 발걸음을 떼었다.**

  삶의 모든 페이지가 행복으로만 가득 찬 사람이 얼마나 될까? 아마 거의 없지 않을까? 고난, 시련, 고통, 불행 이런 것들은 우리의 삶에서 비중이 꽤 높은 조연이다. 내게 주어진 행복과 기쁨을 더 강렬하게 느껴지도록 만들어 주는 조력자이기도 하다. 그렇다 해도 시련과 고통을 대면하는 일은 매번 고통스러웠다. 할 수만 있다면 회피하고 싶어, 애써 멀리 달아나 보기도 했다. 하지만 이내 그럴 수 없다는 것을 깨달았다. 외면할 수 없다면, 어떻게 해야 할까? 오히려 그 아픔을 드러내어야 한다. 멀리 떨어져 바라보고, 크기와 무게를 쪼개 자세히 살펴보아야 한다. 그 이면을 객관적으로 들여다보아야 한다. 글쓰기는 이 모든 것을 가능하게 하였다. 내 안에서 요동치는 감정을 글로 옮겨 적어보는 것만으로도 주관적 시선이 객관적 시선으로 옮겨졌다. 자신의 아픔을 객관화하여 멀리 떨어져 바라볼 수 있게 되었다.

물론 쉽지 않았다. 내가 겪은 고난, 시련, 고통, 불행을 글로 써서 마주하려니 꽤 쓰리고 아팠다. 무릎 상처를 알코올 솜으로 닦아내는 것만큼 아팠다. 그러나 이 과정을 거쳐야 치유의 단계가 시작된다. 생활 문장가라 불리는 은유 작가는 《쓰기의 말들》에서 자신의 아픔을 보듬는 이런 글쓰기가 '생존의 글쓰기'이자 '긴급 대피소'라고 하였다. 내게 글쓰기가 꼭 그랬다. 살다가 돌부리에 걸려 넘어진 듯한 느낌일 때, 글쓰기라는 나만의 대피소에 몸을 숨기고 호흡을 가다듬었다. 아프고 쓰라렸지만, 상처를 조금씩 드러내어 공기를 통하게 했다. 조심스럽게 소독해 주듯 아픈 마음을 조금씩 담아 세상에 내놓았다. 모든 슬픔은 그것에 관해 이야기할 수 있다면 견뎌질 수 있다던 작가의 말이 겪어보니, 살아보니 꼭 그랬다. **시험관 시술 후 0점 대 피검 수치 결과를 받았던 그날, 야수처럼 글을 쓰며 상처를 드러냈다. 아픈 경험이 담긴 글을 세상과 공유하니 상처가 아물고 새살이 돋았다. 나 자신은 소멸하거나 증발하지 않았다. 마음에 딱지 하나를 얻고 다시 내게 온 하루를 살았을 뿐이다.**

글을 쓰고 싶다는 마음이 들었던 때가 언제였는지, 글쓰기가 필요하다고 느꼈던 순간이 언제였는지 돌아보았다. 기쁘고 행복할 때보다, 힘들고 지칠 때 글을 쓰는 시간이 절실했다. 삶이 힘들고 고될수록 글쓰기가 필요했고, 유익했다. 또다시 시험관 시술이 실패로 끝날 때면, 굶주린 야생동물처럼 글쓰기가 고팠다. 누군가 불러주는 글을 받아쓰는 것처럼 쉼 없이 키보드를 두드렸다. 생각해 보니 그런 날에는 글이 정말 잘 써졌다. 완성도가 높다거나 표현력이 좋다는 의미의 '잘'이 아닌, 막힘없이 술술 써졌다는 의미의 '잘'이다.

나의 글쓰기는 현재 진행형

우리는 너 나 할 것 없이 모두 바쁘다. 먹고 사느라 바쁘고, 더 높은 성취를 이루기 위해 노력하느라 바쁘고, 관계를 맺고 유지하느라 바쁘다. 나 자신이 어떤 생각인지, 어떤 마음인지 관심을 가지고 들여다볼 시간이 없다. 행복하게 잘 살기 위해 그렇다는데, 정작 자신이 어떨 때 행복한지조차 분명히 알지 못한다. 정해진 트랙 위를 달리는 경주마처럼 그저 열심히 달리느라 주위도, 자기 자신도 돌아볼 틈이 없다. 바쁘게 에너지를 발산하며 사는 삶, 나의 2~30대도 꼭 그랬다. 공부하고 일하느라 하루의 대부분을 보냈다. 시간이 나면 춤을 배우고, 스노보드를 타고, 많은 사람과 어울리며 에너지를 밖으로 뻗어내기만 했다. 더 높이, 더 멀리, 더 많이를 외치며 살다가 팽팽하던 줄이 '탁'하고 끊어졌다. 두 번의 임신과 두 번의 유산을 했다. 내게는 이제 더 이상 발산할 에너지가 없었다.

난임 휴직을 하니 당분간 이름 뒤에 직함을 붙여 자신을 소개할 일이 없었다. 명함도 당연히 필요하지 않았다. 15년 만에 명함이 없어진 삶이 꽤 낯설었다. 처음 만난 사이라도 명함이 있다면 구구절절 한 설명을 생략할 수 있다. 이름 뒤에 붙는 직함과 소속이 지나온 세월을 대변하기 때문이다. 휴직과 함께 직함과 명함이 사라지니, 자존감이 바닥으로 떨어졌다. 자신감도 함께 증발해 버렸다. 단지 소속감이 사라졌기 때문일까? 그것만이 이유는 아니었으리라. 구체적인 소속이 없어졌다고 내가 달라진 것은 아니었다. 부모님의 사랑스러운 딸, 남편의 친구 같은 아내, 그리고 그녀들의 오래된 벗이라는 내 역할은 그대로였다. 없어진 소속감에 연연하며 나를 작게 만든 것은 결국 나 자신이었다.

누구든 갓난아기 때는 사랑과 관심이 집중되는 주인공이었다. 아기는 순간의 욕구에 충실할 뿐이지만, 존재만으로도 빛이 된다. 나이를 먹으면서 우리는 점점 조용해지고 빛을 잃어간다. 휴직으로 내게 시간이 뭉텅이로 주어졌다. 나를 돌아보게 되었다. 나라는 사람은 가능한 것과 가능하지 않은 것의 한계를 스스로 정하고, 그 안전지대를 벗어나지 않으려 노력할 때가 많았다. 자신에게 주어진 역할을 해내느라 정작 나라는 인간이 가진 흥미와 관심이 무엇인지 살펴볼 여력도 없었다. 이러니 감각도 감정도 점점 더 둔해져 갈 수밖에. 명함의 도움이 절실했고, 나를 오래 봐 온 사람이 내가 어떤 사람인지 정의해 줬으면 싶기도 했다. 나만 이럴까? 모두가 자신에 대한 설명서가 간절하니, MBTI와 같은 각종 인적성검사가 유행이지 않을까? '자존'은 스스로 자(自)에 높을 존(尊)이라 쓴다. 즉, 자신을 스스로 높인다는 의미이다. 자신에 대한 이해마저 남에게 전가하는데 과연 자신을 있는 그대로 받아들이고 높일 수 있을까? 삶의 주인이 될 수 있을까? 자존감이 떨어지는 게 당연하다.

요가가 몸으로 하는 명상이라 불린다더니, 과연 이때만큼은 온 정신을 내 몸의 움직임에 집중할 수 있었다. 다만 부족한 유연성은 어찌할 수 없어 늘 애를 먹었다. 특히 '앉은 전굴자세'는 매번 굴욕의 시간을 선물했다. 접힌 폴더폰마냥 골반을 접고 가슴을 다리에 붙여야 하는 이 자세를 할 때면 매번 홀로 꼿꼿이 앉아 멋쩍어했다. 강사님은 유연하지 않더라도 코어 근력을 키우면 '앉은 전굴자세'를 할 수 있다고 하였다. 코어 근력은 어떻게 키울 수 있는지 묻자, 코어 운동을 꾸준히 하면 된다고 하였다. 기운 빠지는 답이지만 어쩌겠나. 이것 외에는 방법이 없는 것을. 마음도 다르지 않다. 마음도 몸처럼 근력이 필요하고, 이는 꾸준한 마음 운동 외는 방법이 없다. 마음 근력이 좋은 사람은 살면서 겪을 수밖에 없는 강한 외풍을 유연하게 이겨내며 마음의 평온을 유지한다. 마치 코어 근력을 이용해 전굴자세를 멋지게 해내고 깊은 명상에 빠지는 것처럼 말이다.

마음 근력을 키우기 위한 마음 운동은 대체 무엇일까? 저마다 자신에게 맞는 운동이 있겠지만, 내게는 독서와 글쓰기였다. **독서는 내 안에 에너지를 채워주었고, 글쓰기는 그 에너지를 이용하여 나를 들여다보게 하였다. 매일 읽고 쓰는 삶을 살면서 이 광활한 우주에서 먼지 같은 존재이자 동시에 유일한 존재인 나 자신에게 오롯이 집중할 수 있었다.** 무엇을 좋아하고 무엇을 싫어하는지, 언제 행복을 느끼고 언제 슬픔을 느끼는지, 환희와 절망의 순간은 언제인지, 자랑스러웠던 기억과 후회되는 기억은 무엇인지, 강점과 약점은 무엇인지, 살면서 꼭 이루고 싶은 것은 무엇인지, 그리고 지금 마음이 어떤지. 이런 질문을 묻고 답해보았다. 마치 내 마음을 거울로 들여다보듯 천천히 알아갔다. 머릿속에 떠오른 답을 글로 써보았다. 생각으로는 모호했던 것들이 쓰면서 좀 더 명확해지기도 했다. 쓰면 쓸수록 지금껏 누구에게도 털어놓지 못했던 솔직한 마음을 나도 모르게 쏟아내기도 했다. 진짜 나 자신과 대면하게 되었다. 어른다운 어른이 되고자 마음이 보내는 소리에 귀 기울이며 용기 있게 세상의 편견과 맞선 제준 작가가 《당신의 꿈은 안녕하신가요?》에서 말한 것처럼 우리는 취향이 없던 게 아니라 못 찾고 있었던 것일지도 모른다. 나만의 향기를 가지려면, 나 자신에게 사소한 관심이 필요하다.

질문을 던지고, 답을 글로 쓰면서 생각보다 내가 누구인지 선명하게 알지 못한다는 사실에 먼저 놀랐다. 40년이라는 세월이 무색하게 내 몸과 마음에 대해 아는 게 별로 없었다. 모르는 만큼 열심히 썼다. 2년 넘게 썼으니 이제는 마음이 단단한 사람이 돼야 할 것 같은데, 그렇지 못했다. 쓰고 비워내고 단단하게 다져보지만, 소소한 번뇌는 하루를 살면 하루만큼 다시 쌓였다. 작은 바람에도 사정없이 흔들리기 일쑤였다. **오르막길을 달릴 때면 정지해있는 듯 느껴지지만, 사실 달리는 우리는 계속 나아가고 있다. 채우고 비우기를 반복하는 삶 역시 같은 자리를 맴도는 것처럼 느껴지겠지만, 읽고 쓰는 만큼 우리의 마음은 조금씩 단단해지고 있을 것이다.** 운동 좀 한다는 이들은 하나같이 몸은 거짓말을 하지 않는다고 말한다. 한 만큼 결과를 보여주고, 하지 않으면 바로 티가 난다고 한다. 마음이라고 다를까? 그래서 나의 글쓰기는 현재 진행형이다.

기록하지 않아도 기억할 수 있을까?

수령(樹齡)이 몇 백 년 되는 나무가 죽은 후 나이테를 살펴보면 재미있는 사실을 발견할 수 있다. 나무가 살던 환경이 척박할수록 나이테 간격이 좁고 색이 진하다. 실제 일제강점기를 이겨낸 나무는 그 기간 동안 진하고 촘촘한 나이테를 가졌다. 살아내는 동안 겪어낸 모든 풍파를 나이테에 기록해둔 셈이다. 사람은 어떨까? 영화 〈메멘토〉의 주인공 레너드처럼 온몸에 문신으로 새기자니 섬뜩했다. 그럼 어디에 기록해둬야 할까? 우선 뇌를 이용해 '기억'할 수 있다. 인간은 사냥감이 자주 보이는 지역을 기억해 식량을 얻었고, 맹수가 출몰하는 지역을 기억해 자신을 지키며 살아왔다. 원시 시대에는 두뇌와 유전자만으로 충분했다. 정보가 증가하는 속도가 뇌의 발전 속도를 앞지르기 시작하면서 문제가 발생했다. 내 몸에 모두 수용할 수 없으니, 몸 밖에 저장해 두어야 했다. 이것이 도서관의 시작이었다.

20세기 천문학 연구와 과학 대중화에 크게 기여한 천문학자 칼 세이건 작가는《코스모스》에서 도서관, 책, 그리고 글쓰기를 각각 다음과 같이 표현했다. 도서관은 인간이 신체 외부에 만들어 둔 뇌. 책은 수 세기 동안 싹을 틔우지 않고 동면하다가 가장 척박한 토양에서도 갑자기 찬란한 꽃을 피워내는 씨앗. 글을 쓰는 것은 인간의 가장 위대한 발명이며, 먼 과거에 살던 시민과 오늘을 사는 우리를 하나로 이어주는 것. **선조들이 남긴 글을 통해 후대의 우리는 그들을 이해한다. 또 우리가 남기는 글을 통해 미래의 후손들은 우리를 이해할 것이다. 과연, 타임머신을 능가하는 위대한 발명이라 할 만하다. 우리가 배우는 역사는 과거 누군가가 열심히 기록한 결과이다. 기록한 것만이 기억될 수 있다.** 오늘 내가 남긴 몇 줄 되지 않는 글이 먼 훗날 중요한 역사적 기록이 될지도 모른다고 생각하니, 괜한 사명감도 느껴진다.

　상품 기획 업무를 17년 동안 했다. 좋은 기획을 위해선 관찰과 경험을 통해 폭넓게 살펴보고, 많은 정보를 취합해야 한다. 취합한 정보는 기록해 두어야, 다음 단계인 정리가 가능하다. 우리가 경험하는 모든 순간은 연속적이다. 모든 행위가 시간의 흐름과 함께 흘러가 버린다. 업무뿐만 아니라 일상생활에서도 기록되지 않은 사실은 기억되기 어렵다. 순간의 기억은 과거의 기억이 되고,

이는 곧 사라진다는 말을 요즘 제대로 실감하고 있다. 거듭된 수면 마취가 남긴 후유증 때문이라 주장했지만, 실은 관심 또는 정리력 부족이 더 큰 이유 같다. 어쩌면 노화도. 기억력을 믿어도 될지 의문이 드는 순간이 많아질수록, 메모와 기록이 더 소중하게 느껴졌다. 블로그에 차곡차곡 쌓아두었던 글은 그때의 나를 기억하게 하기도, 새로운 창작의 발판이 되기도 하였다. 칼럼을 한 편 쓰게 되더라도 그간 써둔 글을 읽어보고 주제에 어울리는 내용을 추려 정리할 수 있으니 맨땅에 헤딩하는 기분은 아니었다.

남편은 나와 달리 기록이 가진 힘에 시큰둥한 편이었다. 관심을 가진다면 기록하지 않아도 기억할 수 있다고 주장했다. 노벨경제학상을 수상한 최초의 심리학자 대니얼 카너먼 작가가 쓴 《생각에 관한 생각》을 읽고 확고했던 그의 생각에 작은 변화가 생겼다. 책에 소개된 한 사례 덕분이었다. 음악 감상 중인 남자가 있다. 듣는 내내 감동적이었지만, 끝날 무렵 음반 흠집으로 일부를 제대로 들을 수 없었다. 이후 그는 음악 감상을 통째로 망쳤다고 기억했다. 내게도 비슷한 경험이 있다. 미국 출장에서 좋은 성과를 내고 귀국하던 날이었다. 폭우와 바람으로 탑승하려던 비행기가 지연되었다. 아슬아슬하게 환승 도시에 도착해 게이트까지 전력질주했지만, 결국 환승 편을 놓쳤다. 비행기가 떠나버린 게이트 앞에서 밤새 추위와 공포에 떨며 다음 편을 기다려야 했다. 훌륭한 성과에도 불구하고, 지금도 그때를 최악의 출장이라 회상한다. 왜 우리는 이런 인지 착각이나 결과 편향과 같은 사고 오류에 빠지게 될까? 왜 현재의 결과에 따라 과거 경험에 대한 기억이 달라질까? 경험하는 자아는 발언권이 없는 반면, 기억하는 자아는 엉터리더라도 삶의 점수와 교훈을 지배하기 때문이다. 남다른 기억력을 자랑해 유년시절의 추억을 줄줄 꾀는 이들을 볼 때면, 기록 예찬론자인 나조차 필요성에 의구심이 들 때가 있다. 그러나, **기억은 생각보다 쉽게 왜곡될 수 있다. 게다가 분수에 맞지 않게 우리 삶에서 중요한 역할을 맡고 있다. 보완을 위해서라도 현재의 경험을 열심히 기록해야 하지 않을까? 정확히 기억하고 싶다면 말이다.**

　어느 날 한 남자가 잠시 카페를 찾았다. 팀원들과 나누던 사사로운 이야기는 다음 프로젝트 기획에 대한 논의로 이어졌다. 평소 습관대로 메모하려 했지만, 빈손으로 나온 터라 수첩이나 메모지가 없었다. 그는 급하게 카페 테이블 위에 놓인 냅킨을 펼쳤다. 이후 냅킨에 기록했던 대화 내용을 기반으로 프로젝트를 수주했다. 책《기획자의 습관》에 소개된 최장순 작가의 경험담이다. 메모의 중요성과 힘이 이처럼 대단하다니, 평소 장비 탓을 하며 기록에 소극적이었던 순간들이 떠올라 뜨끔했다. 제대로 된

필기구나 전자기기가 있다면 더 효과적이겠지만, 없다고 못 할 일은 아니다. 냅킨이면 어떻고, 손바닥이면 또 어떤가? 마음만 있다면 언제 어디서든 메모가 가능하다. 중요한 것은 기록하겠다는 의지와 노력이지, 멋들어진 장비가 아니다.

나의 향기가 무엇일지는 써봐야 알 일

　해가 갈수록 신경 쓰이는 두 가지가 있다. 늘어나는 뱃살과 위태로운 체면이다. 몸매가 드러나는 니트 원피스는 옷장에 머무르는 시간이 길어졌다. 체면을 차리기 위해 질문 대신 침묵을 선택하는 순간이 많아졌다. 우리는 질문하는 것에 왜 두려움을 느낄까? 질문을 하려면 우선 내게 모든 해답이 있지 않다는 것을 인정해야 한다. '내가 잘 알지 못합니다. 궁금합니다'라고 인정해야 하는데, 이게 생각보다 어렵다. 나 역시 왠지 체면 떨어지는 일 같다는 생각에 머뭇거렸다. 모두 다 이해하고 있는데, 나만 모르는 게 아닐까 싶어 꺼려지기도 했다. 나이가 들고 사회적 지위가 올라갈수록 더했다. 직급이 올라가면 물어보고 싶어도 묻기 어려우니 사원이나 대리 때 열심히 질문하라던 선배의 조언은 경험에서 우러난 진리였다. 사적인 자리에서 질문을 꺼내기도 여간 힘이 드는 게 아닌데, 공개적인 자리에서는 더 가당치 않을 것이다.

2010년 G20 서울 정상회담 폐막식에 참여했던 기자들도 아마 비슷한 내적 갈등을 하였으리라.

버락 오바마 전 미국 대통령은 폐막 연설을 마친 후, 개최국이었던 한국 기자들에게 질문 우선권을 주겠다고 하였다. 그 순간 장내에 정적이 흘렀다. 그 어떤 기자도 선뜻 나서지 못했다. 통역이 가능하니 영어에 부담 갖지 말고 마음껏 질문하라고 덧붙였지만, 한국 기자석은 끝까지 조용했다. 결국, 이 정적을 깬 것은 중국 기자였다. 그는 아시아를 대표하여 질문을 드리겠다고 손을 번쩍 들었다. 버락 오바마 전 대통령은 한국 기자들에게 우선권을 주고 싶다는 뜻을 한 번 더 내비쳤다. 하지만, 그 자리에 있던 수많은 한국 기자들은 침묵으로 중국 기자의 제안에 동의했다. 그들은 질문하지 않은 것일까? 아니면 못한 것일까? 체면 때문이었을까? 그뿐이었을까? 이 질문에 대한 진짜 답을 찾기 위해 내가 지나온 초, 중, 고, 대학교까지의 교육과정을 돌아보았다.

학교에서는 교과서가 전하는 메시지가 모두 참이고 진실이라고 가르쳤다. 정답이 분명한 수학이나 과학은 그렇다 쳐도 국어, 사회, 윤리와 같은 과목도 같은 방식이었다. 다르게 생각해 볼 연습기회가 많지 않았다. "모난 돌이 정 맞는다", "가만히 있으면 중간은 간다" 등의 속담처럼 사회 전반적으로 깔린 나서고 튀는 것에 대한 부정적인 인식도 우리를 끌어내리는 데 한몫했다. 어느 조직에서나 '나'보다 '우리'가 강조되었다. 학교나 회사에서 괜히 나서서 질문했다가 혼이 나거나 오히려 숙제를 받았던 경험이 쌓이면서 점점 더 질문하지 않는 사람이 되어갔다. 이런 성장 과정을 거친 내가 능숙하게 의견을 내고 질문을 한다면, 그게 더 신기한 일이다. **어떻게 하면 우리가 아닌 내가 중심이 되어 사고할 수 있을까? 자신이 궁금한 것을 마음껏 질문할 수 있을까? 타인의 시선으로부터 자유로워질 수 있을까? 질문에도 연습이 필요하다. 내가 모르는 것을 인정하는 연습, 이를 드러내는 연습. 나는 글쓰기를 통해 이런 연습이 가능했다.**

전범 재판장에 올랐던 독일인 아돌프 아이히만은 극악무도한 존재라기보다는 유약하고 용기가 부족한 사람이었다. 자신에게 주어진 일을 묵묵히 해낸 말단 공무원이었다. 의심하지 않았고, 질문하지 않았고, 성실히 임했고, 그 결과 수많은 유대인이 죽었다. 극단적인 사례이지만, 질문하지 않은 평범한 행동이 가져온 참담한 결과이다. 우리라고 크게 다를까? 다수가 아닌 소수를, 침묵이 아닌 질문을 선택할 수 있을까? 나만의 시선을 갖지 못하고 우리의 시선에 머무른다면, 남들과 다른 의견을 인정하거나 존중하지 못한다면, 비판적 사고의 씨앗이 자가 검열에서 모두 탈락해 싹을 틔우지 못한다면, 누구라도 제2의, 제3의 '예루살렘의 아돌프 아이히만'이 될 수 있다. 나는 평범한 직장인이다. 사회생활을 하면서 비판의식을 가지는 것이 얼마나 어려운지 알고 있다. 비판적 사고를 하여도 행동으로 옮기기까지는 또 다른 난관이 있다는 것 또한 알고 있다. 연차가 올라갈수록 어쩔 수 없는 순간도 많아졌다. 조직이 거대한 톱니바퀴라면, 내가 서 있는 바퀴는 조금씩 마모되는 것이 숙명 같았다. 그렇지만 **주어진 대로 생각하고, 끌려가는 대로 살고 싶지 않았다. 부족한 용기를 끌어모아 글을 썼다. 내 생각과 내 삶의 주인이 나라는 것을 잊지 않기 위해 매일 끄적였다. 글을 쓰면서 비로소 솔직한 생각과 감정을 드러낼 수 있었다.**

　글쓰기는 온전히 나와 만나는 시간이었다. 쓰는 과정을 통해 생각이 다듬어지고 논리가 갖춰졌다. 나 자신을 직시하고, 나만의 철학적 시선을 가질 수 있었다. 철학 분야에서 일가를 이룬 최진석 작가는 《탁월한 사유의 시선》에서 '우리we라고 하는 우리cage 안에 갇혀선 질문하는 힘을 갖지 못한다'고 하였다. 나 자신에게 질문을 던지는 것이 '우리'에서 벗어나 '나'로 살아가는 시작이다. 자신에게 던진 질문에 다수의 취향에 맞춘 뻔한 답이 아닌, 솔직한 자신의 이야기를 답하고 쓰게 되면, 우리에서 벗어나 나만의 시선으로 문제를 바라볼 수 있게 된다. 책을 읽을 때도 그저 읽는 데 그치지 않고 짧게라도 내 생각이 깃든 소감을 남기는 연습을 하다 보면, 자신만의 시선으로 책을 읽게 된다. 나만의 생각을 가지고 질문하는 것은 체면을 떨어트리는 게 아니라 용감한 실천이다. 그렇게 해야 주어진 대로 끌려가며 살지 않고, 내가 내 삶의 주인이 되어 살 수 있다. 나의 향기가 무엇인지는 써봐야 알 일이다.

슬픈 노래를 듣고 슬픈 영화를 보고 난 후의 그것처럼

〈걸어서 세계 속으로〉라는 여행 프로 때문에 토요일 아침마다 달콤한 늦잠을 기꺼이 포기하던 시절이 있었다. 뭉툭하고 어색한 화면과 내레이션은 여행 전문 방송이라기보다는 지구 저편에 있는 친구가 보내준 영상 같았다. 날씨가 좋으면 좋은 대로, 좋지 않으면 좋지 않은 대로 엉덩이가 들썩여지는 역마살의 팔 할은 이 프로 덕분이었다. 당장 떠나지 못하는 아쉬움을 달래며 방구석에서 무릎 나온 수면 바지를 입고 세계 곳곳을 여행했다.

여행 프로는 왜 인기일까? 우리는 왜 타인의 여행기에 흥미를 느낄까? 가장 먼저 떠오르는 단어는 '대리만족'이다. 유럽 뒷골목 노점에서 저런 음식을 먹어봐야지, 꼬마들과 저런 이야기를 나눠봐야지 상상하며 비행기 표를 검색하는 게 낙이었다. 그렇다면, 이미 다녀온 곳은 재미가 덜해야 하는데, 그렇지 않다. 김영하

작가가 《여행의 이유》에서 말했듯, 타자의 시각과 언어를 통해 나의 여행 경험이 더 명료해졌다. 출연자가 감탄하는 모습을 보면서 희미해졌던 여행 추억이 되살아났다. 경험의 중심에 있을 때는 강렬하기만 했던 인상이 비로소 정렬되고 전체 서사가 보이기도 했다. 여행을 함께 다녀온 벗에게 TV 속 한 장면을 공유하며 그때의 추억을 소환하는 것은 덤이었다.

타자의 시각으로 내 감정이 정리되는 경험은 여행 프로뿐이 아니다. 이별 후 노래를 듣거나 드라마를 보다가 "이건 모두 내 얘기야" 하면서 눈물을 쏟았던 경험이 한 번씩은 있을 것이다. **내 마음을 들여다보고 쓴 것만 같은 가사나 대사 덕분에 당시에는 미처 몰랐던 모호했던 감정을 알게 되어 속 시원했던 경험. 그 시작은 모두 '글'이다. 공감되는 가사나 대사는 두고두고 기억에 남는다. 누군가가 쓴 이런 '글' 덕분에 우리는 위로를 받기도 하고, 힘을 얻기도 한다.** 몇 해 전 눈물 콧물 쏟으며 보았던 드라마 〈눈이 부시게〉 속 대사가 내게는 그랬다. 매회 마음을 후벼 파며 감동을 주었다. 특히, 주인공 김혜자 배우의 마지막 대사는 오랫동안 내 안에 남아 나를 위로하고 힘을 주었다. 드라마가 끝나고 잊고 지내던 주인공의 마지막 독백을 회사 화장실에서 다시 만났다. 칫솔을 입에 문 채 벽에 붙은 글을 멍하니 다시 읽어보았다.

내 삶은 때로는 불행했고
때로는 행복했습니다.
삶이 하나의 꿈에 불과하다지만
그럼에도 살아서 좋았습니다.

새벽에 쨍한 차가운 공기
꽃이 피기 전 달큰한 바람
해 질 무렵 노을의 냄새
어느 하루 눈부시지 않은 날이 없었습니다.

지금 삶이 힘든 당신
이 세상에 태어난 이상
당신은 이 모든 걸 누릴 자격이 있습니다.

대단하지 않은 하루가 지나고
또 별거 아닌 하루가 온다 해도
인생은 살 가치가 있습니다.

후회만 가득한 과거와
불안하기만 한 미래 때문에
지금을 망치지 마세요.

오늘을 살아가세요.

눈이 부시게
당신은 그럴 자격이 있습니다.

누군가의 엄마였고, 누이였고, 딸이었고,
그리고 '나'였을 그대들에게…

그쯤 업무와 인간관계 등으로 많이 지쳐 있었다. 그래서였을
까? 알고 있던 글인데도 한 글자 한 글자 새삼스레 다가왔고 가슴
이 먹먹해졌다. 내게 행복하고 눈부신 하루를 살아갈 자격이 있
음을 잠시 잊고 있었구나 싶었다. 양치를 하다 말고 울컥해 거품
난 치약을 삼킬 뻔했다. 고개를 도리도리 흔들어 마음을 진정시
킨 후 생각해 보니 이게 '글'의 힘이고 역할이구나 싶었다.

아는 것보다 느끼는 것에 굶주린 이를 위한 글쓰기 수업을 꾸준
히 진행하고 있는 은유 작가는 시 세미나에 참여한 학인들의 이야
기를 《글쓰기의 최전선》에서 전했다. 처음 시를 읽기 시작했을 때
는 모두가 어려워했지만, 과정을 마칠 때는 하나같이 "시를 읽으
면서 치유가 되었다"라고 감사 인사를 전했단다. 한 시인은 시를
패배자의 기록이라 일컬었다는데, 오히려 이런 시를 읽으면서 많
은 이들이 지친 마음을 위로받은 것이다. 나는 마음이 아릴 때 일

부러 슬픈 노래를 듣거나, 슬픈 영화를 보며 눈물을 쏟았다. 그러고 나면 그 눈물에 마음속 아린 것이 함께 쓸려 나간 듯 개운했다. 시를 함께 읽은 이들이 느꼈던 감정도 이와 비슷한 개운함 아니었을까?

난임 휴직과 동시에 시작되었던 글쓰기는 책쓰기로 이어졌다. 처음 책 쓰기 모임을 찾았을 때 막연하게 누군가를 돕고 싶었다. 나처럼 힘들고 아픈 누군가에게 따뜻한 손을 내밀어 주고 싶었다. 내가 경험했던 실패와 시련 그리고 고통이 누군가를 위로하고 도울 수 있지 않을까 싶었다. 쓰는 삶을 시작한 이후로 줄곧 생각했다. 실패를 두려워하지 말고, 실패를 드러내는 것은 더 두려워하지 말기를. 패배자의 기록도 정성껏 남길 수 있기를. 나의 실패는 누군가의 성공을 위한 밑거름이 되고, 누군가의 내일을 위한 위로가 되리라고 믿는다. 그런 마음으로 오늘도 정성껏 쓴다. 아니다. **내 아픔과 고통과 시련을 솔직하게 담은 내 글이 큰 위로가 되지 못하더라도, 그저 누군가에게 개운함을 선사할 수 있다면 좋겠다. 슬픈 노래를 듣고 슬픈 영화를 보고 난 후 느껴지는 그것처럼 말이다.**

징검다리가 끊기지 않도록

드럼 치는 유고스타, 트로트 가수 유산슬, 하프 영재 유르페우스, 개그맨 유재석이 예능 프로 〈놀면 뭐 하니?〉에서 매 시즌 새로운 기술을 배워 구축해간 부캐(부 캐릭터)이다. 개인이 가면을 바꿔 쓰듯 상황에 맞게 다양한 정체성을 표출하는 '멀티 페르소나'가 새로운 트렌드 중 하나라고 한다. 본인이 가진 원래 모습이 아닌 다른 재능을 자신만의 캐릭터로 만드는 부캐가 아니어도, 사실 우리는 이미 여러 역할을 요구받기도 하고, 해내기도 하면서 살고 있다. 나만 해도 딸, 아내, 며느리, 올케, 손녀, 친구, 17년 차 직장인, 중간관리자, 선배, 후배, 동기, 기획자, 블로거, 독서 모임 운영자, 습관 프로젝트 리더, 강연 진행자, 그리고 글 쓰는 사람 등 다양한 역할을 그때그때 상황에 맞게 해내고 있다. 나열하고 보니 나라는 사람 한 명이 해내고 있는 역할이 참 많기도 하다. 각 역할에 따라 내가 가진 정체성도 조금씩 달라지니, 부캐를 만들지 않더라도 나 자체로 멀티 페르소나의 존재라 할 만하다.

 글은 사람에게서 나온다더니 정말 그랬다. 내가 가진 다양한 본캐 중 독서 모임 운영자, 습관 프로젝트 리더, 글 쓰는 사람이 조합되면 독서와 글쓰기 습관에 대한 글이 써졌다. 17년 차 직장인, 여성, 그리고 선배와 후배가 조합되면 여성 고참 직장인이 느끼는 고충에 대해 써졌다. 남녀 차이나 차별, 유리 천장 등에 대한 솔직한 생각이 글에 담겼다. 생각에 머물던 것이 분명하게 읽고 들을 수 있는 활자로 표현되었다. 그러나 이런 글을 모두 자랑스럽게 내보이지는 못했다. 특히 여성 직장인에 대해 정신없이 쏟아낸 문장을 다시 읽어보니 반론에 대한 걱정이 되어 비밀 폴더에 동면시킨 적도 있다. 누군가 나를 페미니스트라고 손가락질하는 건 아닐까 하는 두려움이 들기도 했다. 옳은 변화를 일으키는 글을 쓰고 싶다는 마음과 모두에게 두루두루 좋은 사람으로 남기를 바라는 마음 사이에서 갈팡질팡했다.

 사실 페미니스트라는 단어 자체는 부정적 의미를 가지지 않는다. 페미니즘은 '여성의 특질을 갖추고 있는 것'이라는 뜻을 지닌 라틴어 '페미나(femina)'에서 파생한 말이다. 남성 중심의 시각으로 억압받는 여성을 위한 행동이라고 볼 수 있다. 그리고 이를 추구하는 이들이 페미니스트이다. 사람은 자신이 경험하여 구축한 틀 안에서 세상을 인지한다. 여성이 여성의 시선으로, 남성이 남성의 시선으로 문제의식을 갖게 되는 것은 자연스러운 일이다. 과거에는 여성의 사회 진출이 부족했기에 남성 중심으로 사회적 틀이 갖춰졌다. 2021년에 살고 있는 나는 20년 가까이 직장인이자 직업인으로 사회생활을 했다. 그 경험을 바탕으로 여성의 시선을 더할 수 있는 준비가 되었다. 다만 한국 사회에서 페미니스트라는 용어는 다소 왜곡된 이미지를 가졌고, 이를 알기에 주저되었다. 모난 돌이 정을 맞지는 않을까 하는 두려운 마음도 있었다.

오랫동안 심리치료사로 일하다 마흔 이후 글쓰기를 시작해서 베스트셀러 작가로도 입지를 굳힌 메리 파이퍼 작가는 《나의 글로 세상을 1밀리미터라도 바꿀 수 있다면》에서 누구나 글로써 변화를 이끌어내는 작가가 될 수 있으나, 변화를 일으키고자 하는 글은 아무리 조심해도 반론이 따르는 것이 당연하다고 하였다. 반론에 대해 준비하기 위해 자신이 무엇을 알고 무엇을 모르는지 제대로 알고 정직하게 써야 한다고 하였다. 여성 직장인이라는 역할을 수행하며 경험하고 느꼈던 고충을 글로 썼던 그때, 아는 것을 과대 포장하지 않고 솔직하게 썼다면, 그 글을 내보이는 것을 두려워할 필요가 없었다. 글로써 변화를 이끌어내고 싶다는 욕심에 비해 글을 드러낼 용기는 부족했다. 게다가 **어마어마한 착각에 빠져있었다. 세상 사람 모두가 내 글을 보리라는 착각, 대단한 영향력을 가졌다는 착각, 모두에게 사랑받아야 행복하다는 착각, 세상을 크게 바꿀 수 있으리라는 착각. 이런 착각의 늪에 빠져 글을 움켜쥐고 있는 동안 글쓰기 역시 진도가 나가지 않았다.**

정세랑 작가는 소설 《피프티 피플》에서 서울 외곽 신도시에 위치한 종합병원을 무대로 살아가는 50명이 넘는 보통 사람의 개인적 고민과 사회적 갈등을 전했다. 그중 한 명인 원로 교수 '이호'는 어떻게 살아가야 할지 고민이 많은 후배 교수 '소현재'에게 이렇게 말한다. "우리가 하는 일이 돌을 멀리 던지는 거라고 생각합니다. 어떻게든 한껏 멀리. 개개인은 착각을 하지요. 같은 위치에서 던지고 사람의 능력이란 고만고만하기 때문에 돌이 멀리 나가지 않는다고요. 그런데 사실은 같은 위치에서 던지고 있는 게 아닙니다. 시대란 게, 세대란 게 있기 때문입니다. 소선생은 시작선에서 던지고 있는 게 아니에요. 내 세대와 우리의 중간 세대가 던지고 던져서 그 돌이 떨어진 지점에서 다시 주워 던지고 있는 겁니다." 그는 우리 모두 징검다리일 뿐이니, 하는 데까지만 후회 없이 하라고 격려했다. 이호 교수의 말이 내 가슴에 명징하게 남았다.

마하트마 간디가 말했듯, 세상이 변하길 바란다면, 스스로 그 변화가 되어야 한다. 우리의 실천은 생각보다 더 작고 보잘것없겠지만, 변화는 이런 작은 실천이 모여 이루어진다. 비록 지금은 눈에 보이지 않겠지만, 시대와 세대가 이어지면 비로소 의미 있는 변화가 보이기 시작할 것이다. 우리가 해야 할 일은 소설 속 이호 교수의 조언처럼 내 몫의 작은 돌을 최선을 다해 멀리 던지는 것뿐이다. 용기를 내어 글을 썼다. 파도로 이어지기를 바라며 작은 물결을 더했다. **깨끗하고 작은 돌멩이 하나를 집어 힘껏 던지듯, 펜을 들어 솔직하게 썼다. 징검다리가 끊기지 않도록 쓴 내 몫의 글이었다. 이제 해야 할 일은 이 글을 움켜쥐지 않고, 비밀상자에 박제하지 않고, 훨훨 날려보내는 것이다.**

첫 번째
글 쓰 기

쓰는 삶을 시작한 이후로 줄곧 생각했다.

실패를 두려워하지 말고,

실패를 드러내는 것은 더 두려워하지 말기를.

패배자의 기록도 정성껏 남길 수 있기를.

나의 실패는 누군가의 성공을 위한 밑거름이 되고,

누군가의 내일을 위한 위로가 되리라고 믿는다.

그런 마음으로 오늘도 정성껏 쓴다.

WHAT

글을 잘 쓰기 위해 글을 쓰지 않습니다

뭘 그리 완벽하게 쓰겠다고 걱정이야? #대충쓰자

"빈 수레가 요란하다." 10년 가까이 내 발목을 잡아 온 문장이다. 어느 회식 날 취기가 오르신 상무님은 옆에 있던 선배와 비교하며 내게 불쑥 이 문장을 꺼내셨다. 나보다 입사가 2년 빨랐던 선배는 꼼꼼하다 못해 치밀한 성격이었다. 그는 기한을 맞추는 것보다 완성도를 높이는 것에 더 많은 노력을 기울였다. 자기 생각을 말로 내뱉기까지는 긴 시간이 필요했다. 선배와 달리 나는 완성도보다 납기를 맞추기 위해 노력했다. 생각이 숙고의 시간을 거치지 못하고 소리로 표현될 때도 있었다. 회사에서 길러진 이성이 감성을 완전히 덮기 전이었기에, 통통 튀는 날 것 그대로가 정제되지 않고 튀어나가기도 했다. 성량마저 내가 남자인 선배보다 더 좋았다.

선배와 나는 부서를 대표하여 목소리를 내야 하는 경우가 종종 있었다. 상무님의 취중진담은 나의 부족한 부분을 질책하려는 의도는 아니었다. 돌다리도 두드리느라 나아가지 못하는 선배를 안타까워하는 마음에 건넨 말씀이었다. 머리로는 이해가 되었지만, 마음은 꽤 쓰렸다. 분위기가 어색해지지 않도록 웃으며 동조했다. 하지만, 그 문장은 오래도록 내 가슴에 상흔으로 남았다. 이 빈 수레는 평소 잠잠하다가도 자료 작성이나 회의 준비 막바지에 이르면 갑자기 시끄럽게 자기 존재감을 드러냈다. 그럼 나는 누군가 또 '빈 수레가 요란하구먼' 하고 혀를 차지나 않을까 두려워 수필가 윤오영의 《방망이 깎던 노인》 속 노인이 되었다. 생쌀이 재촉한다고 밥이 되냐고 타박하며 방망이를 깎고 또 깎았던 노인처럼, 완벽한 수준에 이르기를 바라며 '조금만 더, 조금만 더'를 속으로 되뇌이면서 마침표를 찍지 못했다.

글을 쓸 때도 마찬가지였다. 겨우 이 정도 경험으로 누군가를 위로하는 글을 쓸 수 있을까? 세상이 무너지거나 온몸이 찢겨나가는 고통을 겪지도 않은 내가 그래도 될까? 독서, 글쓰기, 새벽 기상, 만 보 걷기, 감사 일기 모두 단 2~3년의 짧은 경험뿐인데 무언가를 안다고 글을 쓸 자격이 있나? 글쓰기를 제대로 배워본 적도 없는 내가 글을 써도 될까? 고작 누구나 다 아는 뻔한 이야기를 쓰게 되지 않을까? 과연 글쓰기 재능이 있기나 할까? 또, 빈 수레가 요란한 꼴이지 않을까? **매일 새벽 빈 페이지를 마주할 때면, 답이 궁색한 여러 의문들에 한없이 움츠러들었다. 몇 문장을 채 쓰지 못하고 지금까지 쓴 글을 읽어보며, '역시 나는 부족해'라고 자신을 깎아내렸다. 평가에 대한 두려움, 잘하고 싶은 욕심, 그리고 내 이야기가 하찮다는 자괴감 등을 양분 삼아 글쓰기 공포는 무럭무럭 자라났다.**

앞서 말했듯, 글을 쓰면서 몇 가지 착각을 했었다. 그중 하나는 세상 사람 모두가 내가 쓴 글을 보리라는 확신이었다. 사람들은 '유미'라는 신인 작가가 쓴 글에 얼마나 기대를 할까? 온라인 세상을 벗어나 책으로 출간된다면 좀 더 많은 사람이 보게 될 것이다. 나를 알지 못하는 사람들이 내 책을 읽게 될 수도 있다. 누군가는 책에 담긴 한정된 글로만 나를 평가할 수도 있다. 왜곡된 해석이나 판단이 내려질 수도 있다. 비판과 비난이 섞인 댓글이나 평가를 받을 수도 있다. 그러니 책으로 출간할 글이라면 좀 더 높은 책임감이 필요한 건 사실이다. 그렇다고 공적인 가치만 추구한다면 어떨까? 뻔하고 재미없는 글이 될 가능성이 높다. 이런 글은 타인은커녕 자신도 만족시키지 못할 것이다. 자기계발 전문가 브렌든 버처드 작가는 스스로 자신의 가치를 높이 평가하지 않고, 본인 이야기를 소중하게 생각하지 않으면, 메신저로서 성공하지 못한다고 말했다. 이는 글을 쓰는 내게도 해당하는 조언이었다.

글쓰기는 사적일수록 그 가치가 높다. 내가 가진 이야기를 귀하게 여기고 당당하게 드러내야 한다. 도덕적 기준에 맞춰 재단하지 않고 솔직하게 쓴 글은 그 자체로 이미 훌륭하다.

제목: 그림자
나는 오늘 양달에 서 있었다.
그림자가 나타났다.

응달에도 서 있었다.
그림자가 안 나타났다.

양달에는 그림자가 나는데,
응달에는 그림자가 안 생길까?
정말 이상하다.

빨래도 양달에서 잘 마르고,
또 눈도 양달에서 잘 녹고,
나무들과 꽃들도 양달에서 잘 자란다.

양달은 따뜻하기 때문인가 보다.

이 시를 다시 만났을 때 저절로 입가에 번지는 미소를 참을 수 없었다. 수십 년이 지나는 동안 엄마가 소중하게 챙겨주신 공책 꾸러미 속에 어린 나의 흔적이 남아있었다. 양달과 응달을 번갈 아 쳐다보며 갸우뚱했을 아이의 귀여운 시선이 느껴져 기분이 몽 글몽글해졌다. 시험관 시술 준비로 맥주 대신 탄산수를 홀짝거렸 는데도 순수했던 꼬마 유미에게 취해버렸다. 평가에 대한 두려 움, 잘하고 싶은 욕심, 내 이야기가 하찮다는 자괴감 등에서 자유 롭던 시절의 나를 잠시 잊고 있었다. 엄마에게 혼나서 슬펐다거 나, 숙제 때문에 친구와 놀지 못해 속상하다는 등 일기장에는 자 랑스럽고 당당하지 못한 연약한 이야기가 더 많았다. 지금이라면 세상이 요구하는 기준에 미치지 못한다는 자체 판단하에 글로 탄 생하지 못했을 이야기였다. 훌륭하고 멋진 모습이나 부끄럽고 지 질한 모습 모두 내가 사랑해 주어야 할 나의 일부이다. 그 시절 나 혼자 보는 일기를 쓸 때처럼 자기 검열에서 벗어나 글의 한계 를 두지 않을 때 오히려 좋은 글이 나온다.

어느 날 바다 수영 대회에 나갈 정도로 수영을 좋아하고 잘하는 후배가 내게 말했다. "발끝을 대기도 주저되는 차가운 물이라도, 일단 물에 들어가 빠르게 몇 바퀴 돌고 나면 몸에 열이 오르면서 익숙해져요. 겨울 바다 수영도 그래서 할 수 있었고." 바다수영 이라니, 수영에 소질이 없는 내게는 꿈같은 이야기였다. 메리 파이퍼 작가는 빈 페이지를 차가운 수영장 물에 비유했다. 발차기를 아무리 해도 나아가지 못하고 제자리에 둥둥 떠 있을 때가 많은 내게 이 비유는 적절했다. **수영에서 맛본 쓴 실패를 글쓰기에서 만큼은 반복하고 싶지 않았다. 피해야 할 첫 번째는 지레 겁먹고 물러서는 포기이고, 두 번째는 잘 해야 한다는 부담이다. 최선을 다해 딴짓도 하고 실패의 경험도 쌓으면서 살되, 글을 쓸 때는 힘을 빼고 써야 한다. 그래야 조금씩 앞으로 나아갈 수 있다.**

〈한끼줍쇼〉라는 예능 프로에 출연했던 가수 이효리가 진행자와 함께 길을 걷다 한 초등학생을 만났다. 진행자는 학생에게 훌륭한 사람이 되라고 말했다. 그녀는 불쑥 끼어들어 뭘 훌륭한 사람이 되냐고, 그냥 아무나 되어도 괜찮다고 말했다. 그녀의 시원한 한 방에 묵은 체증이 쑥 내려가는 기분이었다. 이런 이효리의 사이다 발언 때문이었을까? 각종 SNS에 대충 살자는 해시태그가 유행이었다. 지금도 인스타에 '#대충살자'를 검색하면 2만 개가 넘는 게시물이 쏟아진다. 글을 쓰겠다고 앉기만 하면 쓸데없이 진지해지는 내게도 이 해시태그가 절실하다. "뭘 그리 완벽하게 쓰겠다고 걱정이야. 할 수 있는 만큼만 써. #대충쓰자."

일단 찍어 먹어볼 수밖에

"글을 쓰세요"라고 말하면 그다음 돌아오는 대답이 "뭘 써야 할지 모르겠어요"인 경우가 많았다. 그럼 "일상의 모든 것이 글감입니다"라고 대답했다. 상투적이고 뻔한 표현이지만, 이 말 외에는 떠오르지 않았다. 책을 읽고 글을 쓰는 것으로 일상을 채워나간 지 2년이 넘었다. 영감의 폭죽이 원할 때마다 팡팡 터져주면 좋겠지만, 현실은 글쓰기 소재나 주제에 대한 목마름으로 자주 목이 탔다. 블로그 1일 1포스팅에 도전했던 한 지인도 동일한 고충을 느꼈노라 털어놓았다. 글쓰기 관련 좋은 아이디어는 어디에서 얻을 수 있을까? 같은 고민을 먼저 했을 여러 선배 작가들은 입을 모아 말했다. '좋은 아이디어는 평범함 속에서 나온다.'

빗줄기와
불빛 사이로

숫자 5 보았네
빨간
불자동차에
금색으로 씌어
거들떠보지 않아도
미친 듯
달려가며
벨은 땡땡땡
사이렌은 위잉윙
덜컹대는 바퀴로
까만 도시 뚫고 갔지

우연히 읽게 된 윌리엄 카를로스 윌리엄스 시인의《위대한 숫자》라는 제목의 시이다. 시인은 미국의 작은 소도시에서 평생 내과 의사로 지내며 시를 썼다. 어느 날 뉴욕에 사는 친구 집에 방문했고, 시끄럽게 사이렌을 울리며 긴급 출동하는 소방차를 보게 되었다. 소방차에는 숫자 5가 크게 쓰여 있었다. 이 장면에서 영감을 받아 쓰게된 시가 바로《위대한 숫자》였다.

'한 달에 한 장씩 뜯는 달력에 하루하루 날짜를 지우며 토요일을 기다린다. 내 이미 늙었으나, 아낌없이 현재를 재촉하여 미래를 기다린다. 달력을 한 장 뜯을 때마다 늙어지면서도 젊어지는 것을 느낀다.' 피천득 시인이 수필집 《인연》에 남긴 문장이다. 교과서에서 배웠던 위대한 문인 중 한 명인 시인은 학생들을 가르치는 스승이자 아끼는 딸을 둔 아빠였다. 그는 평범한 일상과 보통의 순간을 놓치지 않았고, 글감을 떠올려 글을 썼다. 특유의 섬세한 표현력이 더해져 맛깔나는 글이 되었다. 늙어지면서도 젊어진다는 아름다운 표현을 남겼다. 특별할 게 없는 소박한 소재가 그만의 언어와 표현을 거쳐 보석이 되었다.

 내 일상에도 소방차와 달력은 종종 출연했다. 사이렌을 울리며 지나가는 소방차를 본 적이 여러 번이었다. 일력은 아니지만 매월 달력을 뜯으며 새로운 달을 맞이했다. 하지만 내 시선과 사고는 소방차와 달력 그 이상에 닿지 못했고, 글감 부족을 불평했다. 강원국 작가는 《대통령의 글쓰기》에서 창조적 아이디어와 영감 또는 직관을 구분하여 설명했다. 어느 날 갑자기 찾아오는 것이 영감이나 직관이라면, 죽을힘을 다해 몰입해야 나오는 것이 창조적 아이디어라고 말했다. 그동안 **독특하고 번뜩이는 발상이 창조적 능력이라 생각해왔는데, 이는 영감과 직관 쪽에 더 어울리는 설명이었다. 창조의 힘은 오히려 평범한 일상에서 출발했다. 문제의식과 따뜻한 시선을 가지고 특별함을 발견하려 노력할 때 발현되었다. 이런 순**

간을 놓치지 않고 쓰니 한 편의 글이 되었다.

  나는 윌리엄 카를로스 윌리엄스 시인을 잘 알지 못했다. 그럼 그의 시는 어떻게? 어느 날 동료 작가인 황정미 작가가 쓴 글을 읽게 되었다. 허혁 작가의 책 《나는 그냥 버스기사입니다》를 영화 〈패터슨〉에 빗대어 소개한 서평이었다. 그녀는 패터슨 시에 살며 시를 쓰는 버스 기사 '패터슨'의 이야기를 담은 영화에서 '버스기사'라는 주인공의 직업에 주목했다. 호기심이 일어 검색해 보았다. 이 영화를 찍은 짐 자무쉬 감독은 패터슨 출신 시인의 시를 읽고 패터슨 시를 여행하며 영감을 받았다고 했다. 나의 의식의 흐름은 시인에 대한 호기심으로 옮겨갔고, 마침내 위에 소개했던 시를 만났다. 다음날 새벽 내가 펼친 책 속에 시인의 또 다른 문장이 있었다. "눈 가득 담고, 귀 가득 담고, 담은 건 놓치지 마라." 동료 작가가 소개한 영화를 검색해 보지 않았다면, 시 《위대한 숫자》를 만나지 못했다면, 다음날 책에서 만난 인용문에 시선과 마음이 닿을 수 있었을까? 시인의 말처럼 눈과 귀에 가득 담고, 호기심을 그저 흘려보내지 않고 행동한 결과 이 에피소드로 글도 쓸 수 있었다.

  노상 기근 현상을 호소했던 글감이 실은 그리 대단하지 않다는 걸 느꼈다면 좋겠다. 골목길, 담벼락, 하늘, 햇살 등 주위에 널린 게 글감이다. 우리가 챙겨야 할 것은 이를 발견할 수 있는 시선과 마음뿐이다. 은유 작가는 글쓰기 과업을 어깨에 메고 다니면, 주위 모든 사물에 앵글을 맞추는 카메라의 눈처럼 현장을 발견하려 노력하게 된다고 하였다. **글 솜씨가 좋기로 유명한 작가에게도 탁월한 비법은 없었다. 그저 자신에게 글쓰기 과업이 있음을 받아들이고, 매일 현장을 관찰하고 글쓰기를 반복할 뿐이었다. 그러다 보면 같은 장면을 다르게 보기도, 특별함을 발견하기도 하였고, 생각지도 못했던 좋은 글로도 이어졌다.** 무언가를 반복한다는 것은 지루하고 귀찮은 일이다. 습관으로 만들어 자동 실행이 되게끔 하는 것이 좋다. 뇌를 착각하게 만들어 하고 싶은 일로 느끼게 하는 것이다. 뇌를 잘 속이기 위해 요즘도 하루에 단 한 줄이라도 끄적이려 노력한다. 매일 쓰려니 매일 두리번거리며 스쳐 지나가는 글감을 채집하려 노력하게 된다. 써보지 않고 좋은 글이 될 소재인지 알 도리가 없다. 똥인지 된장인지 알고 싶다면, 일단 찍어 먹어볼 수밖에.

내일의 글감을 맞이할 기회

어느 날 글쓰기를 위해 가장 중요한 것이 무엇이냐는 질문을 받았다. '초보 작가에게 뭐 이리 심오한 질문을?'이라 생각하며 대수롭지 않게 넘기려다, 질문을 받은 김에 한번 생각해 보았다. 글쎄, 뭐가 가장 중요할까? 어떤 게 잘난 글이고, 어떤 게 못난 글일까? 글쓰기를 계속하다 보니, 쓰는 실력이 눈에 띄게 늘지는 않아도 좋은 글을 알아보는 역량은 조금씩 올라갔다. 어휘, 구성, 논리 등등 여러 인자가 있겠지만, 내 기준에 좋은 글은 읽으면서 글쓴이가 느껴지는 글이었다. 작가의 생각, 경험, 의견이 들어간 사적인 이야기를 만나면 글이 참 좋다는 느낌이 들었다. 작가가 살아낸 지친 하루와 고달픔, 깨달음, 그리고 기쁨이나 환희 등이 오롯이 전해지는 글을 읽노라면 책을 통해 비밀 대화를 하는 느낌이 들기도 했다. 최근에는 책 《돈지랄의 기쁨과 슬픔》을 읽었을 때 그런 느낌을 받았다. 솔직하다 못해 대범한 표현력이 어찌나 부럽던지. 이 작고 얇은 에세이가 신예희 작가 그 자체였다. 덕분에 키득키득 웃으며 참 맛있게 읽었다. 글이 작가 자체라는 말, 최고의 칭찬 아닐까?

자기 자신을 글에 담으려면 지극히 개인적인 에피소드를 끌어올려 솔직하게 써야 한다. 영화 〈기생충〉으로 아카데미 시상식에서 감독상을 받은 봉준호 감독은 수상 소감에서 '가장 개인적인 것이 가장 창의적이다'는 마틴 스콜세지 감독의 조언을 가슴에 새긴 채 영화를 공부했다고 말했다. 1980년대 아메리칸드림을 좇아 미국 남부 아칸소주 농장으로 이주한 한국 이민자 가족의 미국 정착 이야기를 전한 영화 〈미나리〉가 호평을 받으며 여러 영화제를 휩쓸었다. 이 영화는 한국계 미국인인 정이삭 감독의 자전적 경험에서 출발했다. 영화에서 딸 모니카를 만나러 미국에 가는 외할머니 순자를 연기한 배우 윤여정은 시나리오를 다 읽기도 전에 "이거 진짜 이야기구나"라고 말했다고 한다. 그녀는 실화만이 줄 수 있는 생생함에 마음이 움직여 바로 출연을 결정하였고, 한국인 최초 아카데미 여우조연상 수상의 주인공이 되었다. **하루 동안 자신이 경험한 일상이 바로 지극히 개인적인 에피소드이다. 여기에 '쓰기'라는 동사적 행위가 더해지면 가장 사적이고 창의적인 글이 된다. 그야말로 위대한 탄생이다. 어디에도 없는 진짜 중에 진짜이다. 사람**

의 마음을 움직이는 건 이런 진짜 이야기이다.

나탈리 골드버그, 스티븐 킹, 메리 파이퍼, 무라카미 하루키, 은유, 유시민, 강원국, 장강명, 김신회, 박종인, 김민태. 글쓰기에 대한 관심이 커지면서 여러 선배 작가의 글쓰기 책을 탐독하였다. 그중 강원국 작가는 글쓰기 재료를 음식의 재료에 빗대어 설명했다. 풍성할수록 좋고, 음식에 맞고, 믿을만한 것이어야 하고, 싱싱하고 색다를수록 좋다고 하였다. 맞는 말이지만 어려운 일이다. 도시에 사는 직장인이 한 끼 식사를 위해 매번 바다낚시를 떠날 수는 없는 노릇이다. 요리사도 아닌데 새벽마다 수산시장에 들러 싱싱한 재료를 준비하는 것도 과한 일이다. 요리 실력이 서툴러 요린이(요리 어린이)라고 불리는 내가 이름도 생소한 외국 식자재로 음식을 만든다면 어떨까? 싫은 소리를 잘 못하는 남편은 불평을 하는 대신 조용히 배달음식이나 라면을 찾을 게 뻔하다.

요리는 창조의 영역이다. 때로는 빈약한 재료로 근사한 한 끼를 만들어내야 할 때도 있다. 냉장고 파먹기를 뜻하는 '냉파'만 해도 사람마다 그 결과가 천차만별이다. 얼마나 다르게 생각했는지가 관건이다. 글쓰기도 마찬가지이다. 익숙한 재료라도 자신만의 아이디어가 더해지면, 신선하고 훌륭한 글이 탄생한다. 나와 관계도 없는데 새롭고, 그럴싸해 보인다는 이유로 재료를 선택해 글을 쓰면 공허한 외침이 될 수밖에 없다. 일상 속 평범한 순간에서 길어 올린 글감 2~3개를 색다르게 엮어보려 노력한다면 꽤 훌륭한 한 상 차림을 만들어 낼지도 모른다. 실은 강원국 작가도 글쓰기를 위한 파랑새는 우리집에 있는 법이라고 하였다.

하루를 살아냈다면 하루만큼의 글감이 쌓인다. 아침에 눈을 떴을 때의 기분, 내 몸의 상태, 만원 버스에서 본 동영상의 한 장면, 계속 이어지는 회의, 상사의 꾸중과 쌓이는 업무, 야근으로 취소된 약속, 고된 사회생활을 공감할 수 있는 동료와의 커피 한 잔, 버스에서 어깨너머로 들리는 대화, 지친 발걸음 끝에 닿는 낙엽의 바스락거림, 아파트 외벽에 반사되는 노을의 붉은 기운, 아이의 해맑은 웃음, 잘 살고 있는지 걱정하는 부모님의 안부 전화, 시원하게 들이켜는 캔맥주 한 모금, 뉴스를 통해 전해 들은 가슴 아픈 이야기 등, **글감은 우리가 보낸 하루 속에 있다. 오늘이 지나고 다음 날이 되면 다시 또 하루만큼의 이야기가 우리를 기다린다. 비워 내야 채울 수도 있는 법이다. 운동으로 칼로리를 소모해 주듯, 글쓰기를 통해 우리 안에 쌓인 글감을 소비해 줘야 한다.** 나이가 들수록 먹는 만큼 움직여주지 않으면 금세 몸이 무거워진다. 글쓰기는 각자가 살아낸 하루만큼의 글감을 쏟아내고, 내일의 글감을 맞이할 기회이다. 그 덕에 대체로 가볍게 새로운 하루를 맞이한다. 가벼워진 마음만큼 몸도 가벼워질 일만 남았다.

하루 1시간, 무거운 엉덩이

첫 소개 자리에서 엄마는 딸이 데려온 남자가 '박사'까지 공부했다는 점을 크게 반겼다. 어디선가 '무거운 엉덩이를 가져야 학위 취득이 가능하다'는 소리를 들으셨기 때문이다. 이는 엄마에게 인내, 참을성, 끈기 등의 가치를 떠올리게 하였다. 30대 초 회사에서 진행하는 어학 프로그램 과정에 선발되어 중국어 공부를 하였다. 금요일에 퇴소해 월요일에 다시 입소하며 10주 동안 진행된 합숙 교육이었다. 인생에서 모든 것을 걸어본 적이 있는가 하고 누가 묻는다면 이때가 떠오를 만큼 최선을 다했다. 합숙하는 평일뿐만 아니라, 퇴소하는 주말에도 의자에 엉덩이를 붙이고 앉아 중국어 공부에 매진했다. 노력에 비해 실력은 더디게 늘었다. 아무리 해도 제자리인 것 같아 포기하고 싶은 마음이 들기도 했다. 이럴 때 멈추지 않고 꾸준히 노력을 이어가는 사람만이 정체기를 벗어나 수직으로 상승하는 실력을 경험하게 된다. 마치 임계치를 벗어난 것처럼 말이다.

　실제 많은 분야가 이러하다. 능력은 선형적으로 증가하지 않는다. 물은 끓는점이 될 때까지 미동도 없는 것처럼 조용한 잠복기를 거친다. 겉으로는 조용해 보이지만 조금씩 온도를 올리고 있다가 갑자기 끓기 시작한다. 내가 쌓아온 시간이 응축되어 어느지점을 넘어서면 무섭게 끓게 된다. 축적 후 발산이라고 할 수 있다. 이처럼 한순간의 도약을 위해 우회축적의 시간을 견뎌야 하는데, 글쓰기라고 다르지 않다. 난임 휴직 후 블로그를 개설하고 본격적으로 글을 쓰기 시작했다. 초반에 썼던 글을 지금 다시 읽으면 반사적으로 쥐구멍을 찾게 된다. 부끄러운 줄도 모르고 매일 글을 쓰고 등록했다. 어느 날은 2~3편씩 쓰기도 했다. 맛집 리뷰도 쓰고, 서평도 쓰고, 옛 추억도 썼다. 무식하면 용감하다는 말을 글쓰기로 실천했다. 한참을 쓰다 보니 서평 다운 서평도 쓰게 되었다. 글이 좋다거나 쉽게 읽힌다는 댓글도 달렸다. 책을 써보면 어떨까 하는 생각도 하게 되었다. **좋은 글에 대한 정의는 사람마다 다르겠지만, 그 어떤 기준 하나에라도 맞추기 위해선 결국 용감하고 꾸준하게 계속 쓰는 수밖에 없다. 옹색하고 부끄럽게 느껴지는 나의 그 시간이 없었다면, 글쓰기 능력의 우회축적도 불가능했을 것이다.**

왜 글쓰기여야 할까? 글쓰기 우회축적이 꼭 필요할까? 이렇게 반문할 수 있겠다. 글쓰기는 우리의 일상 중 얼마나 필요할까? 17년의 회사 생활을 돌아보니, 업무 중 상당 부분이 이메일이나 사내 메신저를 통해 진행되었다. 프로젝트성 업무의 마무리는 일정한 형식을 갖춘 보고서였다. 이메일, 메신저, 보고서, 모두 글쓰기가 필요했다. 학생이라면 그 비중은 더 크다. 논술 시험에 국한된 이야기가 아니다. 취업 준비 과정에 빠지지 않는 외국어 말하기 시험만 해도 단순히 외국어를 잘해서는 높은 점수를 받기 어렵다. 짧은 시간 내에 자기 의견을 논리적이고 조리 있게 전달해야 고득점이 가능하다. 어느 날 친구는 아이의 수학 시험 결과에 망연자실한 모습이었다. 지문을 이해하지 못하니 아이가 기껏 암기한 수학공식이 모두 무용했단다. 평소 글쓰기를 통해 논리적 사고 연습이 되었다면 어땠을까? 외국어 말하기 시험도, 수학 문제 이해도, 좀 더 수월하지 않았을까? 취미의 범주에 속하는 SNS 역시 길든 짧든 몇 마디 말을 쓰게 되니, 우리의 많은 일상이 글쓰기에 바탕을 두고 있다 해도 지나치지 않다. 작가, 칼럼니스트, 에디터, 기자 등처럼 글쓰기를 꼭 밥벌이로 삼지 않더라도 누구에게나 글쓰기는 필요하다. 그리고 누구라도 그 시작은 막막하다.

한글을 모르는 것도 아닌데, 글을 쓰는 것은 매번 왜 그리 어색하고

어려운지. 글쓰기 방법론 책을 뒤적여도 나아지지 않는다면, 이유는 생각보다 단순할지도 모른다. 걱정만 하고 글을 쓰지 않기 때문이다. 글쓰기를 잘하기 위한 왕도는 없다. 방법론을 공부할 것이 아니라, 그 시간에 글을 써야 한다. 초보 글쓰기라면 특히 우선 질보다 양이 필요하다. 흔히 글쓰기 비법으로 꼽는 '삼다 원칙', 다독, 다작, 다상량에도 多(많을 다)가 3번이나 들어가지 않았나. 많이 읽고, 많이 쓰고, 많이 생각해야 한다. 충분한 양적 팽창이 되어야 그 안에서 질서와 논리도 만들어 볼 수 있다. 이 과정을 거쳐야 질적 성장도 이루어진다. 내 생각을 담은 논리적인 글쓰기가 수월해지고, 더불어 조리 있게 말하는 실력도 는다. 때로는 아직 명확하지 않은 나의 세계관이 글을 쓰면서 발견되고 또렷해지기도 한다. 생각과 경험에 숨겨진 의미가 쓰면서 드러나기 때문이다. 이 또한 '쓰기'라는 원론적인 작업으로 돌아간다. 꾸준히 많이 쓰는 것만이 유일한 방법이다. 그러고 보니, 글쓰기의 비법은 '무거운 엉덩이'일 수 있겠다. 하긴 박사과정의 마지막 관문도 '논문 쓰기'가 아니던가?

매일, 꾸준히, 너무하다 싶을 정도로

    한동안 책《아티스트 웨이》를 읽고 매일 새벽 눈을 뜨자마자 A4 한 페이지씩 글을 썼다. 누구에게도 보여주지 않던 그 기록에는 내가 느낀 온갖 초라한 감정과 모습이 담겼다. 또 한동안은 매일 출근 전 책을 읽고 글을 쓰는 일에 '성장 문답'이라는 이름을 붙여 진행했다. 처음 시작했을 때는 부담이 상당했다. 새벽에 일어나는 것도 힘들고, 잠이 덜 깬 상태에서 책을 읽는 것도 힘들고, 글을 쓰는 것은 더 힘들었다. 시간이 흐르면서 이 모든 과정은 조금씩 수월해졌다. 봉급쟁이로 17년간 무의식중에 몸을 일으켜, 씻고, 양치하고, 옷을 갈아입고, 출근 버스에 올랐던 것처럼, 어느새 새벽에 눈을 떠 자연스럽게 읽고 쓰게 되었다. 출근 루틴이 깨지는 주말이 되면 오히려 두 배, 아니 세 배, 네 배 이상의 노력이 필요했다.

사람 뇌 속에 있는 바닥핵이라고 불리는 신경 세포체 집단은 습관적인 행동을 하도록 지시를 내린다. 그럼, 사람은 의식하지 않고, 즉 에너지를 덜 쓰면서 행동, 생각, 선택을 할 수 있다. 뇌가 의식적인 행동보다 무의식적인 행동을 할 때 더 적은 에너지, 포도당을 소모하기 때문이다. 이런 행동 자동화를 글쓰기에 적용할 수 있을까? 글쓰기를 습관으로 만들어 자동화하게 되면, 에너지를 과소비하며 생각하지 않아도 몸이 글을 쓰게 될까? 처음에는 믿지 않았다. 정신이 또렷해야 글을 쓰지 무의식중에 글을 쓴다니 무슨 소리인가 싶었다. 그런데 정말 그랬다. 간혹 글이 저절로 써진 듯한 느낌을 받을 때가 있었다. 정신이 깨어나지 못해 몽롱한 내가 이런 문장을 쓴 게 맞나 싶을 때도 있었다. 아마 이때 내 머릿속 어딘가에 자리 잡은 바닥핵은 '글쓰기 자동화 시스템 작동'이라는 본인 역할에 충실했을 것이다.

　세상과 단절된 공간에서 식음을 전폐하고 낮이고 밤이고 미친 듯이 글을 써 내려가는 모습, 뿌연 담배 연기 속 뭔가에 홀린 듯 몽환적이지만 천재성이 깃든 눈빛. 내게 각인된 글 쓰는 사람, 소설가, 작가와 같은 직업인의 모습이었다. 《직업으로서의 소설가》를 읽고 기대와 달라도 너무 다른 무라카미 하루키 작가의 평범한 일상에 많이 놀랐다. 그는 새벽에 일어나 아내와 함께 아침 식사를 하고, 땀을 흘리며 조깅을 했다. 5~6시간 정도 글을 쓰고, 일찍 잠자리에 들었다. 매일 자신이 세운 루틴을 고수했던 그는 장편소설을 쓸 때면 하루에 200자 원고지 20매를 쓰는 규칙을 지켰다. 좀 더 쓰고 싶어도 20매 정도에서 멈추고, 쓰고 싶지 않은 날도 어떻게든 20매는 채웠다. 이렇게 쓰면 한 달에 600매를 쓰게 되고, 반년이면 3,600매를 쓰게 되어 작품 하나를 탈고하게 된다. 인상깊게 읽은 장편소설 《해변의 카프카》의 초고가 딱 3,600매였다고 하니 빈말이 아니다. '장편 소설 쓰기'는 막막하지만, '매일 20매씩 쓰기'는 훨씬 해볼 만하다는 느낌을 준다. 일정 분량씩 규칙성을 가지고 진행하면 그 막막한 고지에 어느새 다다르게 될 테니 말이다.

대선배의 이런 경험과 조언에 감화하지 못한 철부지 초보 작가는 당당하게 외쳤다. "저는 의지가 강해서 문제없습니다." 그런데 이게 웬일인가? 내가 자부했던 그 의지라는 녀석은 갈수록 비실비실해졌고, 바쁜 일상에 치여 퇴고 작업은 한여름 철로처럼 점점 길게 늘어졌다. 믿어 의심치 않았던 '의지'라는 놈이 생각보다 약하고 쉽게 소진된다는 것을 인정해야만 했다. 투자개발 회사의 대표이자 베스트셀러의 저자인 게리 켈러 작가와 제이 파파산 작가는 《원씽》에서 사람의 의지를 배터리에 비유했다. 이 책을 읽은 후부터 의지를 과신하려는 조짐이 보일 때면 '의지 배터리'를 떠올렸다. **새로운 도전을 시작할 때야 배터리가 완충되어 열정이 넘치겠지만, 과욕은 결국 빠른 포기를 부를 뿐이다. 의지 배터리가 방전되지 않도록 관리하면서, 작은 일을 꾸준히 해주는 편이 더 좋다.** 사이드로 진행했던 습관 프로젝트에 참여하는 멤버들에게도 이런 내 믿음을 자주 전했다. "잘게 쪼개고 쪼개고 또 쪼개서, 너무하다 싶을 정도로 작은 일을 매일 꾸준히 실천하세요."

시험공부, 어학공부, 운동, 다이어트 등 돌아보니 세상 모든 일이 그랬다. 딱히 다른 왕도가 없었다. 미약한 실천을 멈추지 않고 계속하는 게 유일한 방법이었다. 글쓰기도 마찬가지이고, 책을 쓰겠다 해도 다르지 않았다. 조금씩 꾸준히 매일 쓰는 것만이 유일한 방법이었다. 백작가는 《하루 1시간, 책 쓰기의 힘》에서 평균 200~300페이지 안쪽의 단행본을 쓰겠다면, 매일 1시간씩 글을 써 A4 용지 100매 정도를 쓰면 된다고 하였다. 계산해 보니 하루 2페이지 정도 분량이면, 2달 내에 초고를 완성할 수 있다. "낙숫물이 댓돌 뚫는다"는 옛말이 틀리지 않다. **똑떨어진 물 한 방울이 별거 아니어 보여도 결국 바위를 뚫기도 하듯, 매일 반복하는 글쓰기가 큰 성취로 이어질 수도 있다. 꼭 대단한 성취가 아니어도, 내 삶의 순간순간이 퇴색되지 않고 내가 쓴 글 속에서 빛날 것이다. 이만한 보상이 또 있을까?**

술술 써지는 날이 될지, 콱 막히는 날이 될지

새벽 5시 30분에 일어나 8시까지 글을 쓰고, 아침 식사 후 다시 10시까지 글을 썼다. 이후 운동을 하고, 학생들을 가르치고, 오후 5시 30분에 귀가해, 저녁을 먹고 책을 읽다가 10시에 잠자리에 들었다. 미국 최고의 풍자 작가 커트 보니것이 매일 반복했던 일과이다. 규칙적이고 지루한 일상을 이어가며 수많은 작품을 남긴 거장들처럼 나도 매일 정해진 시간에 글을 썼다. 그런데 희한했다. 매일 새벽 같은 시간, 같은 자리에서 글을 쓰는데도 그 결과는 들쑥날쑥했다. 어떤 날은 일필휘지로 써지는가 하면, 어떤 날을 썼다 지우기를 수없이 반복하다 1시간이 훌쩍 지나가 버리기도 했다.

출근 시간이 정해져 있는 직장인이기에, 마감 시한이 있는 기자처럼 압박을 느꼈다. 시간이 무한대로 주어졌다면 좋은 글을 쓸수 있었을까? 글쎄, 유한해서 다행이었을지도. 끝내야 할 시간이 정해져 있었기에, 죽으나 사나 새벽 6시 반까지는 어떻게든 마무리를 지었다. 간혹 부족한 부분은 출근 버스에서 채우기도 했다. 글의 수준이나 완성도는 두 번째 문제였다. 재미있게도 매일 반복하니 단련이 되었는지, 시간 내에 글쓰기 미션이 차츰차츰 수월해졌다. 나중에는 달리기 선수가 기록을 단축하듯, 같은 분량을 써내는 데 걸리는 시간이 조금씩 줄었다.

행동하는 지성인이라 불린 미국 소설가, 수전 손택 작가는 글 쓰는 작가를 운동선수에 빗대었다. 운동선수라면 시합을 앞두고 최상의 컨디션 유지를 위해 애쓰기 마련이다. 환경이나 조건이 바뀌더라도 흔들리지 않도록 구슬땀을 흘리며 몸이 최상의 컨디션을 기억하게끔 노력한다. 작가의 마음도 이와 다르지 않고, 잘 쓰는 비법도 이것에서 벗어나지 않는다. **글을 쓰는 것 또한 매일 훈련이 필요하다. 환경이나 조건에 따라 흔들리지 않고 글을 써내는 연습이다. 습관이 된다면 좀 더 수월해질 수 있다. 직장인인 내게 새벽은 이를 연습하기에 가장 좋은 시간이었다.** 하루 중 변동성이 가장 적었기 때문이다. 온라인으로 24시간 연결되어 있는 듯한 시대에 살고 있는 내가 고요함을 선택할 수 있는 거의 유일한 시간이 바로 새벽이었다. 에너지 편차가 가장 적은 시간도 새벽이었다.

봄, 여름, 가을, 그리고 겨울에 이르기까지 어스름한 새벽마다 울리는 알람을 끄고 눈을 떴다. 동면의 계절인 겨울이 되면 글쓰기고 뭐고 다 내팽개치고 따뜻한 이불 속을 선택하고 싶다는 마음이 간절했다. 알람은 5시에 울리지만 5시 반은 되어야 침대에서 벗어났다. 때로는 6시가 되어서야 침대에서 탈출하기도 했다. 의지와 무관하게 틈만 나면 올라오는 게으름을 뿌리치고 거실로 나와 빈 페이지를 마주했다. 몽롱한 잠에서 아직 깨어나기 전, 이럴 때 머리가 아닌 가슴으로 글이 써졌다. 기대하지도 않았던 좋은 글이 나오기도 했다.

그렇지 않은 날도 많았다. 1시간을 모두 허비한 느낌이 들기도 했다. 속으로 '아, 오늘은 정말 더럽게 안 써지네'라고 푸념을 쏟아내기도 했다. 어떤 날은 깜빡이는 커서만 계속 바라보고 있자니 눈이 빙글빙글 도는 것 같았다. 하루를 제대로 시작하기도 전에 피로가 몰려왔다. **그렇지만 그만둘 수 없었다. 내일은 술술 써지는 날이 될지, 꽉 막혀 나아가지 않는 날이 될지 알 수 없었기 때문이다. 결과를 예단할 수 없으니 늘 새로운 마음으로 다시 시작했다. 어제의 성과와 무관하게 새롭게 시작할 수 있어 다행이었고 감사했다.** 중력의 법칙에 따라 아래로 아래로 꺼지는 눈꺼풀을 치켜 올렸다. 빈 페이지와 나, 우리 둘만의 소리 없는 싸움을 시작했다. 이는 원점에서 시작하는 즐거운 투쟁이었다.

다르게 생각하고, 다르게 쓰기

　남편은 일본에서 공부를 한 덕에 일본어에 능숙했다. 함께 일본 여행을 하게 되면 의사소통에 어려움이 없었다. 두세 문장을 단 몇 개의 단어로 번역해 주는 무심함이 아쉬웠지만, 적어도 궁금한 것을 해갈하지 못한 채 지나치지는 않았다. 그러던 중 반나절가량 개인 일정을 가지게 되었다. 그제야 옆에서 실시간으로 통번역을 해주던 남편의 소중함을 깨달았다. 상형 문자 같은 낯선 언어에 에워싸이자 내가 가진 사고력은 무용지물이 되었다. 직접 보고 듣고 맛보는 등 원시적인 방법이 동원되었다. 모국어로 고등 사고를 하던 성인이 갑자기 문자를 모르는 유치원생 수준의 사고력을 가지게 된 느낌이랄까? 아니다. 문자를 드문드문 아는 유치원생도 대화는 가능하니, 나는 그보다도 못한 수준이었다.

　스위스의 언어철학자 패르디낭 드 소쉬르(Ferdinand de Saussure)는 표현된 기호, 즉 언어를 시니피앙(signifiant), 언어가 의미하는 개념을 시니피에(signifie)라고 정의했다. 이게 무슨 말인고 하니, 우리말은 나비와 나방이라는 서로 다른 두 개 단어를 가진 반면, 프랑스어는 이를 구분하지 않고 빠삐용(papillon)이라는 한 개의 단어로 부른다. 다시 말해, 한국어는 두 개의 서로 다른 언어가 두 개의 서로 다른 개념을 각각 표현하지만, 프랑스어는 한 개의 언어가 두 개의 서로 다른 개념을 표현하고 있는 셈이다. 표현할 수 있어야 인식할 수 있다. 반대로 표현하지 못하면 인식하기도 이해하기도 어렵다. 프랑스인은 우리와 달리 나비와 나방을 개별적으로 인식하지 못할 가능성이 크다. 우리가 사용하는 언어의 틀에 따라 사물에 대한 인식이 달라지니, 다양한 언어를 사용할 수 있다면, 세상을 느끼고 이해하는 역량이 보다 높아질 수 있겠다.

일본 여행 중 나는 모국어를 기반으로 인식하고 사고했기 때문에, 한국어로 표현되지 않는 개념은 이해할 수 없었다. 반면 일본어에 능통한 남편은 일본어를 기반으로 인식하고 사고할 수 있었기에, 한국어 표현에 없는 개념도 쉽게 이해하였다. AI 번역기 능력이 이미 사람의 수준을 뛰어넘었다는 지금도 많은 이들이 외국어를 열심히 공부한다. 여러 이유가 있겠지만 그중 하나는 그 언어를 사용하는 사람들의 생각과 문화를 좀 더 깊게 알고 싶다는 욕망일 것이다. 네이버 파파고나 구글 번역기로는 채워지지 않는 몇 프로쯤이 분명히 존재한다. 그 간극은 감성일 수도 있고, 뉘앙스일 수도 있다. 언어를 직접 말하고 쓸 수 있어야 비로소 다른 문화와 생각이 가진 미묘한 부분까지 섬세하게 이해할 수 있다.

외국어에 국한된 이야기가 아니다. 모국어를 쓰는 집단 내에서도 세상에 대한 이해의 정도가 서로 다른 경우가 왕왕 있다. 같은 언어로 대화를 나눴지만, 상대의 말을 끝내 해석하지 못하고 돌아서는 경우도 많다. 다양한 이유가 있겠지만, 그중 하나는 어휘력의 차이이다. 사흘간 황금연휴가 이어진다는 뉴스에 일부 네티즌이 연휴가 3일인데 왜 사흘이라고 하냐는 댓글을 남겼다. 사흘은 3일을 뜻하는 순우리말이다. 또, 과제 제출 기한이 금일 자정까지라는 말을 금요일 자정으로 해석한 학생의 에피소드도 화제였다. 금일은 오늘을 뜻하는 한자어이다. 오스트리아 출생의 영국 철학자 비트겐슈타인이 말한 것처럼 나의 언어의 한계가 나의 세계의 한계라고 할 만하다.

우리가 어릴 적 즐겨 부르던 익숙한 동요 한 곡을 소개해 볼까 한다. "원숭이 엉덩이는 빨개, 빨가면 사과, 사과는 맛있어, 맛있으면 바나나, 바나나는 길어, 길면 기차, 기차는 빨라, 빠르면 비행기, 비행기는 높아, 높으면 백두산" 한 번쯤은 들어봤을 귀에 익은 노래이다. 그런데 이 노래를 부르면 부를수록 이상한 생각이 들었다. 빨가면 무조건 사과? 소방차, 동백꽃, 신호등 정지신호 등 빨간색 하면 떠오르는 것이 여러 가지이다. 과일로만 한정해도, 수박도 있고, 체리도 있고, 딸기도 있다. 빨가면 무조건 사과라니, 억지가 아닌가? 맛있는 게 세상에 얼마나 많은데 바나나라니. 대한민국으로 한정했다면 모를까, 백두산은 세계에서 그다지 높은 산에 들지도 못하는데, 높으면 백두산? 알고 있다. 동요는 동요로서 순수하게 받아들이면 될 뿐, 일부러 딴죽을 걸 필요는 없다는 것을. 다만, 우리의 사고가 이런 동요의 가사에서 크게 벗어나지 못하고 있지 않은가 하는 우려가 된다.

글을 쓰다 보면 나 스스로 얼마나 뻔한 비유와 은유의 틀 안에 갇혀있는지 자주 느낀다. 표현에 대한 편견과 고정관념을 깨기 위해서는 어휘력을 길러야 한다. 아는 만큼 표현할 수 있고, 표현할 수 있는 만큼이 내가 느끼는 세계의 크기가 된다. 앞서 소개했던 언어철학자 패르디낭 드 소쉬르의 고상한 표현을 빌려 써보면, 더 많은 '시니피앙(언어)'을 알고 있어야 더 정밀한 '시니피에(개념)'를 그려낼 수 있다. 그럼 어떻게 해야 '시니피앙'을 더 많이 알 수 있을까? 앞서 글쓰기 비법으로 말했던 다독, 다작, 다상량의 삼다 원칙은 어휘력 향상에도 그대로 적용 가능하다. 미디어가 발전했다 해도 여전히 책은 우리가 새로운 어휘를 만날 수 있는 중요한 매체 중 하나로 유효하다.

　문제는 사람은 익숙한 것으로 회귀하려는 본능을 가진 동물이라는 점이다. 책에서 색다른 표현을 만났다고 나의 표현력이 바로 다음 단계로 도약하지는 않는다. 따로 메모해두었다가 글을 쓸 때 활용해 보려는 노력이 필요하다. 다만, 그 또한 누군가가 다르게 생각해 내어 이미 알려진 표현일 뿐이다. **많이 읽고 쓰는 것이 어휘력을 늘리는 데 분명 도움이 되겠지만, 차별화된 사고를 하고 싶다면 다르게 생각해 보고, 다르게 써보려는 의식적인 노력이 필요하다. 그렇지 않고 백날 읽고 써봐야 빨가면 사과, 사과는 맛있어, 맛있으면 바나나 안에서만 맴돌게 될지도.** 결국 새로운 표현을 많이 읽고, 직접 사용해 글을 써보고, 그 외에 다른 표현은 없을까 생각해 보는 3가지 행동이 함께 반복되어야 한다.

훌륭하고 멋진 모습이나 부끄럽고 지질한 모습

모두 내가 사랑해 주어야 할 나의 일부이다.

그 시절 나 혼자 보는 일기를 쓸 때처럼

자기 검열에서 벗어나 글의 한계를 두지 않을 때

오히려 좋은 글이 나온다.

HOW

일단, 쓰세요

블로그가 이토록 깊게 들어올 줄이야

난임 휴직을 결정했다. 쉬운 결정은 아니었다. 한창 커리어를 쌓아가고 있던 시기, 다양한 기회가 내 앞에 펼쳐지려던 때였다. 마음속으로 결심을 하긴 했지만, 이 선택으로 내가 포기하게 될 리스트를 떠올리니 속이 쓰렸다. 이미 결정한 일을 뒤돌아보아야 마음만 아프다는 것을 알면서도 자꾸 멈칫했다. 휴직을 하고서도 맞지 않은 옷을 입은 듯 갑자기 주어진 여유가 낯설었다. 오늘 끝내야 할 일이 없는 게 어색하고 초조했다. 넘치는 시간을 어찌 써야 할지 몰라 방황하다 블로그를 시작했다. SNS를 선호하지 않았던 사람이 맞나 싶게 매일 썼다. 처음에는 구독자도, 검색을 통해 글을 읽어주는 이도 거의 없었다. 조회 수는 오랫동안 한 자릿수였다. 내가 쓴 글을 가장 많이 읽는 사람은 나 자신이었다. 누군가 지켜본다는 부담이 없으니 자유롭게 속마음을 꺼내어놓을 수 있었다. 실명을 굳이 쓰지 않고, 적당한 필명을 닉네임으로 정해 일기를 쓰듯 블로그에 글을 축적했다. 그때는 몰랐다. 그저 휴직 초심자의 무료한 시간 때우기용에 불과했던 블로그가 내 인생에 이토록 깊게 들어오게 될 줄은.

꼭 블로그여야 할까? 물론 아니다. **인스타, 페이스북, 유튜브 등 자신에게 맞는 SNS 채널로 글쓰기를 시작하면 된다. 단, 글쓰기가 목적이라면 블로그를 추천한다. 친숙하고 편리해 쉽게 시작할 수 있는 데다 글자 수 제한이 없고 가독성도 좋아 얼마든지 긴 글쓰기로 확장이 가능하기 때문이다.** 특히 네이버 블로그는 날씨와 뉴스 확인, 상품이나 장소 검색을 위해 자주 이용했기 때문에 이미 익숙했다. 네이버 이메일을 사용 중이어서 새로 가입하거나 승인받을 필요도 없었다. 화면과 기능 모두 워드 파일과 유사하고 직관적이라 편리했다. 이미지와 영상보다는 글이 우선시 되기에 글쓰기 연습에 적합했다. 길게 글을 쓰는 것이 부담될 때는 인스타로 잠시 고개를 돌리기도 했다. 블로그에 비해 짧은 몇 마디 글에 멋진 사진을 곁들이면 충분하기에 부담이 적었다. 유튜브는 어떨까? 빠르게 성장하는 여러 유튜버를 어깨너머로 관찰한 결과 내용이 무엇이든 콘텐츠를 구상해 대본을 쓰는 과정을 거쳤다. 영상 촬영과 편집 과정도 중요하지만, 분명한 콘셉트를 바탕으로 준비된 대본이 근간이 되었다. 그래서인지 블로그를 통해 글쓰기 근력을 키운 후 유튜브를 시작하는 이들은 내용도 탄탄하고 지속력도 좋았다.

블로그를 시작하긴 했지만 대체 뭘 써야 할지, 어떻게 써야 할지 막막할 때가 있었다. 7년을 매일같이 쓰면서 시작된 능동태 라이프를 담은 《매일 아침 써봤니?》에서 김민식 작가는 블로그 글쓰기가 쉬워지는 세 가지 요령을 전했다. 첫 번째는 어떤 일에 대한 과거 경험, 두 번째는 그 일에 대한 검색이나 독서로 알아낸 정보, 세 번째는 그 일이 내게 던져준 주제이다. 서평과 감사 일기로 블로그 글쓰기를 시작했다. 이후 여행과 맛집 후기를 남기기도 했고, 간혹 제품 후기를 쓰기도 했다. 드라마나 영화 리뷰도 몇 번 써보았다. 직접 써보니 모든 장르가 경험, 정보, 주제로 구성된 3단계 틀에서 크게 벗어나지 않았다. 쓰다 보니 막연해 보였던 1,000자, 2,000자 글쓰기도 어느새 뚝딱 완성되었다. 분야나 글의 종류를 따지지 않고 마음이 가는 대로 형편이 되는대로 쓰다 보니 쓰고 싶은 글이 무엇인지도 조금씩 알게 되었다. 어휘와 구조도 점점 적절해졌다.

SNS 글쓰기를 시작한다면, 가능한 공개 발행을 추천한다. 비공개로 발행한 글은 나 혼자만 간직하고 세상에 드러내지 않는 일기에 불과하

다. 이렇게 해서는 자신의 모습과 아픔을 객관적으로 들여다보는 두 번째 단계로 도약하기 어렵다. 콘텐츠 생산자로 거듭날 가능성도 닫힌 다. 공개적으로 발행한 글의 이점은 또 있다. 내 글을 읽어주는 독자와 소통이 가능하다. 단 1명이라도 내 글을 읽어주는 이가 있다는 것은 글쓰기를 지속하는 데 큰 힘이 된다. 심지어 글쓰기를 가르치는 작가조차도 최초의 독자가 보내준 달콤한 칭찬 덕에 글을 계속 쓰게 되었다고 말할 정도이다. 블로그 이웃은 부족한 내 글을 읽어주는 최초의 독자였다. 블로그에 나만의 생각이나 느낌을 담은 글을 쓰고, '발행'을 클릭함과 동시에 쓰는 사람의 길을 걷게 되었다. 글쓰기 걸음마를 막 떼었던 그때 몇 안 되는 블로그 이웃들이 보내준 공감과 응원의 댓글이 있었기에 매일 다시 쓸 수 있는 용기를 낼 수 있었다.

이제는 악플마저 감사하다

1955년 하와이 카우아이섬에서 태어난 신생아 833명을 대상으로 30년 동안 진행된 대규모 심리학 실험이 있었다. 양육환경이 아이들 장래에 미치는 영향을 살펴보기 위한 실험이었다. 놀랍게도 부모의 경제적 지원이 부족하고 성장환경이 좋지 않아 고위험군이라 분류되었던 아이 201명 중 3분의 1인 72명이 부유한 환경의 아이들보다 오히려 도덕적이고 성공적인 삶을 이루어냈다. 비결이 무엇이었을까? 72명의 아이들에게는 공통점이 있었다. 그들 곁에는 언제라도 자신의 편이 되어주고 조건 없는 사랑과 믿음을 주는 단 한 사람이 있었다. 부모가 아니더라도, 조부모, 이웃, 선생님 등 절대적이고 무조건적인 사랑을 베풀어주는 이가 있었다. 변함없이 내 편이 되어주는 그 사람의 신뢰 속에서 아이는 바르게 성장하였다. 공감과 칭찬의 힘이 대단하다는 것은 익히 알고 있었지만, 이 정도일 줄이야. 그럼, 칭찬은 성장하는 아이들에게만 유효할까? 그러지 않다. 가슴에 피터팬을 간직한 어른 아이인 우리에게도 칭찬이 필요하다. 나 또한 블로그 댓글로 전해진 따뜻한 칭찬 한마디 덕분에 계속 글을 쓸 수 있었다. 반대로 내가 댓글을 통해 전한 응원에 힘을 얻은 누군가도 있었을 것이다. 용기를 받은 만큼 전했으니, 이런 게 바로 선순환이지 않을까?

아이가 아닌 성인에게 칭찬을 건네는 걸 쑥스러워 하는 사람이 많다. 어색하고 익숙하지 않으니 점점 더 야박해진다. 뭐든 해봐야 는다. 댓글을 쓰면서 스스로 감응력이 늘었다고 느꼈다. 어린 아이는 작은 것에도 크게 기뻐하고 슬퍼하는 반면, 성인이 된 우리는 이런 감응력이 부족하다. 리액션은 갈수록 획일화되고 느려진다. 나 역시 누군가 공들여 쓴 글을 읽고도 처음에는 어떤 댓글을 달아야 할지 막막했다. 다양한 글에 짧은 댓글 쓰기를 지속하니 빠르게 내 느낌과 생각을 깨워 글로 표현하는 연습이 되었다. 점점 이해하고 느끼는 속도도 빨라지고, 생각의 범위도 넓어져 다양한 댓글을 달 수 있었다. 이렇게 수련한 감응력은 글쓰기 실력을 쌓는데도 큰 힘이 되었다. 그러니 **댓글 쓰기는 이타적이면서 동시에 이기적인 행동이라 할 수 있겠다. 타인의 글쓰기 성장을 돕는 이타성과 자신의 감응력과 순발력 그리고 글쓰기 실력을 키우는 이기성을 동시에 가지는 행동이다.**

자신의 생각을 담은 글을 쓰고 발행하여 불특정 다수가 볼 수 있는 온라인 공간 어딘가에 공개하려면 심리적 저항을 이겨내야 한다. 중력을 거스르는 일이 그러하듯 심리적 저항을 이겨내는 일 또한 결코 쉽지 않았다. 매 순간순간 대단한 용기가 필요했다. 처음으로 악플이 달렸던 날 심장이 쿵쾅거리고 괜한 일을 벌였구나 싶었다. 그런데 참 재미있는 게, 다시 쓸 수 있는 용기를 채워주는 곳 또한 블로그였다. 어설픈 내 글을 읽고 댓글까지 달아주는 랜선 이웃을 통해 하루만큼의 용기를 받아 글을 쓰고, 또 하루만큼의 용기로 다음 글을 썼다. 어느새 온라인 글 창고가 가득 찼다. 축적된 글은 콘텐츠가 되어 누군가에게 소비되었고, 그 과정에서 몰랐던 나의 재능을 발견해 확장해 갈 수 있는 기회를 얻기도 하였다.

회사 업무를 핑계로 블로그 댓글 창을 닫아 놓은 적이 있다. 돌이켜 생각해 보니 참 바보 같은 짓이었다. **칭찬 댓글은 또 한 편의 글을 쓰게 하는 힘이 되었고, 비판 댓글은 내 생각과 글을 돌아보고 발전할 기회가 되었다. 댓글을 주고받는 과정에서 생각이 확장되고 깊어지기도 하였다. 글에 대한 평가에 눈과 귀를 닫았던 그 시간 동안 '아집'이라는 골방에서 홀로 외로웠음을 이제야 고백한다.** 성급했던 결정을 후회하며 댓글 창을 다시 연 지금은 악플마저 감사하다. 선

플만큼이나 악플도 관심이 있어야 가능한 일이다. 읽어 주고 댓글을 달아주는 모두가 내게는 글쓰기 코치인 셈이었다. 논리가 분명하고 수준 높은 글이라면, 댓글 수준도 올라가기 마련이다. 일방적인 혹평이 달릴 가능성은 그리 높지 않다. 게다가 유시민 작가의 말처럼, 글은 쓴 사람의 인격을 반영하지만, 인격 그 자체는 아니다. 글쓰기의 지향점은 자신을 담은 글이어야 하지만, 글에 대한 비판이 곧 나의 인격에 대한 모독은 아니다.

끼도 재능도 없는 내가 예술가라니

블로그를 시작한 후 매일 포스팅을 하며 다양한 목적과 유형의 글쓰기를 연습했다. 그중 의미 없는 글쓰기는 없었다. 모닝 페이지, 감사 일기, 서평, 영화나 드라마 리뷰, 국내외 여행기, 음식점이나 제품에 대한 리뷰, 문화공연이나 축제 소개, 사회적 이슈에 대한 의견 등 모든 글쓰기는 정도의 차이는 있었지만 각각이 나름의 의미를 가졌다. 다양한 유형의 글을 쓰다 보니 관심도 다양해졌다. 내가 경험하는 매 순간이 글감이 된다는 생각에 정성스럽게 살게 되었고, 그런 경험을 다시 공들여 썼다.

맛집 리뷰를 써야겠다는 마음을 가졌다면 어떨까? 이전과 달리 음식점을 예약할 때부터, 음식점에 가는 길, 외관이나 실내 모습, 서비스와 음식 맛에 대한 만족도, 그 외 주차장이나 화장실 같은 부대시설까지 뭐하나 허투루 보지 않게 되었다. 평소라면 그냥 지나쳤을 작은 것에도 눈길이 갔다. 시선이 머물렀던 장면이나 떠오른 생각들이 나를 거쳐 내가 쓰는 글에 담겼다.

인터넷 전문가 제이콥 닐슨(Jakob Bielsen)이 주장하는 90:9:1의 법칙에 따르면, 콘텐츠를 소비하는 사람이 90%, 퍼뜨리는 사람이 9%, 그리고 단 1%만이 콘텐츠를 만들어 내는 사람이라고 한다. 주위를 둘러보니, 수치의 정확도를 떠나 대부분이 소비자의 삶에 갇혀있음을 부정할 수 없었다. **블로그 글쓰기를 통해 그동안의 소비자의 삶에서 벗어나 콘텐츠를 만드는 삶에 발을 들여놓게 되었다. 매일 쓰기 시작하니, 세상에 대한 관심도 커졌다. 애정을 가지고 둘러본 세계가 글에 담겼다. 지극히 사적인 경험과 느낌이 누군가에게 필요한 정보가 되는 즐거운 경험도 하였다.** 필요로 하는 이가 많아지니 지속하여 소비되는 글이 되기도 했다. 이 과정을 반복하다 보니 1%뿐이라는 콘텐츠 생산자의 길에 들어설 수 있었다.

비의 '깡'이나 브레이브걸스의 '롤린'과 같은 밈(MEME) 현상은 어떻게 시작된 걸까? 발원지까지 거슬러 올라가 보니 콘텐츠를 창조하고 나누었던 이들을 만날 수 있었다. '깡'의 역주행은 한 고등학생 유튜버 호박전시현의 패러디물 덕분이었다. '롤린'의 역주행은 유튜버 비디터가 제작한 댓글 모음 동영상이 신호탄이 되었다. 이 둘은 역주행이라는 대단한 결과를 기대하고 영상을 만들었을까? 그들은 자본을 가진 방송이나 유명인도 아니었다. 개인적 흥미로 관심을 가진 분야의 콘텐츠를 꾸준히 창조해 나눈 결과 역주행을 넘어 경제적 효과까지 만들어냈다. 자신이 좋아하는 일에서 가치를 창출하여 주위에 나누려는 노력이 곧 예술적 능력이다. 호박전시현이나 비디터 같은 유튜버는 예술적 자질을 발휘한 예술가라고 할 만하다.

 블로그를 시작하고 서평을 꾸준히 남겼다. 나 자신을 위한 독서 기록으로 시작했다. 그러다 한 명, 두 명 내가 쓴 글을 읽어주는 사람들이 생겼다. 어떨 때는 책 제목을 검색해 찾아오는 이도 있었다. 간혹 글을 스크랩해 가는 경우도 있었다. 지극히 사적이고 주관적인 독서 리뷰가 누군가에게 필요하고 소비되는 정보가 되는 신기한 경험이었다. 비슷한 경우는 또 있었다. 지난 추억을 정리하며 썼던 여행기에 담긴 현지 정보는 그 자체로 훌륭한 콘텐츠가 되었다. 여행을 준비하는 데 도움이 되었다는 댓글이 달리기도 했다. 세계적인 경영, 마케팅 구루인 세스 고딘 작가는 《린치핀》에서 선물을 주는 예술가는 승리한다고 단언하였다. 선물을 주는 일은 시장이 요구하는 행위이고, 그 사람을 필요하게 만들어준다고 덧붙였다. 우리도 가능하다. **자신이 좋아하는 분야를 찾**

고, 관련된 콘텐츠를 지속해서 생산한다면 선물을 주는 예술가의 반열에 오를 수 있다. 예술적 끼도 재능도 없는 내가 책을 읽고 여행을 다녀와 그 기록을 남겼을 뿐인데 예술가가 되었다. 어쩐지 크게 횡재한 기분이고 승리도 이룬 듯하다.

글 써서 남 주랴?

 마이크로소프트(MS)가 지나온 흥망성쇠의 여정은 관련 업계에서 일하고 있는 내게 꽤 흥미로웠다. 빌 게이츠의 오랜 친구이자 엘리트 코스를 밟아온 스티브 발머와 그가 이끌던 마이크로소프트는 엘리트 의식에 젖어 세상의 변화에 둔감했다. 소프트웨어 개발자 사이에 자발적으로 탄생한 오픈소스 프로그램을 비난했다. 나만 옳고 그 외는 모두 틀렸다는 오만함으로 가득했다. 리더가 이럴 경우 아무리 신뢰성 있는 지표를 보고해도 데이터는 허술하고 시장은 잘못되었다는 핀잔만 받을 뿐이다. 오만한 리더는 본인 입맛에 맞는 자료만 보고받게 된다. 잠시 기쁘겠지만, 결국 배는 침몰한다. 반면, 모든 그래프가 곤두박질치던 그때 마이크로소프트의 수장이 된 사티아 나델라의 스펙은 초라했다. 화려한 스펙을 자랑했던 스티브 발머도 실패했던 마이크로소프트의 부활을 어떻게 그가 성공시켰을까?

'제국의 역습'이라고도 불리는 마이크로소프트 부활의 원인을 분석할 때면 '개방성'이라는 단어가 가장 먼저 언급된다. '개방적'인 오픈소스 정책과 '개방적'이고 협력적인 사내 문화 정착이 병색이 짙던 마이크로소프트를 살렸다고 한다. 단지 그뿐일까? 이 변화 과정을 모두 지켜본 마이크로소프트 아시아 리전 매니저 이소영 이사는 책《홀로 성장하는 시대는 끝났다》에서 '커뮤니티 리더십'을 마이크로소프트 비상의 진짜 비결로 꼽았다. 사티아 나델라 회장은 공부하는 문화를 강조했다. 사람의 지적 능력은 고정된 것이 아니라 지속해서 향상할 수 있다는 마음가짐, 즉 '성장 마인드 셋'을 강조하였고, 이를 실천하는 자만이 살아남을 수 있게 하였다. 또, 공감 능력을 갖춘 리더를 중용하였고, 직원 개개인이 포용력과 다양성을 기르기 위해 노력하는 과정을 성과 지표에 넣도록 하였다. 사티아 나델라 회장이 중용했던 직원들처럼 공감 능력을 바탕으로 나 혼자가 아닌 우리가 함께 성장하려는 노력과 실천이 바로 커뮤니티 리더십이다.

학창 시절 자주 듣던 "배워서 남 주랴?"라는 잔소리는 무엇이든 배우고 나면 자신에게 유리하게 이용될 것이니, 불평하지 말고 열심히 배워두라는 뜻이다. 이제는 반대로 배워서 남에게 줘야 한다. 눈앞에 아른거리는 이익이나 자신의 목표만을 위해 혼자 공부해서는 안 된다. 우리가 함께 성장하겠다는 마음으로 공부하는 사람이 더 크게 성장하고 결국 성공도 하게 된다. 글쓰기도 비슷한 접근이 필요하다. **돌아보니 써서 남 주겠다는 마음이 글을 더 공들여 쓰게 하였다. 함께 잘 쓰겠다는 마음이 동반 성장을 이끌었다. 나를 열린 마음으로 이해하는 글벗들에게 나누며 연습하다 보니 불특정 다수에게 공개하는 것도 가능해졌다.** 사실 글을 잘 쓰기가 얼마나 어려운지, 나를 드러내기 위해 얼마나 큰 용기가 필요한지, 써본 사람만이 이해할 수 있다. 《유혹하는 글쓰기》를 쓴 스티븐 킹 작가나 《나의 글로 세상을 1밀리미터라도 바꿀 수 있다면》을 쓴 메리 파이퍼 작가처럼 혼자 써도 충분해 보이는 유명한 작가조차도 글쓰기 어려움을 토로하며 함께 쓰는 모임의 힘을 강조했다. 안전한 울타리 안에서 받았던 순도 높은 지지 덕분에 글을 계속 써나갈 수 있었다고 하였다. 자신이 느끼는 어려움에 진실로 공감하는 이들이 보내는 위로와 응원이 필요한 것은 기성 작가라고 다르지 않았다.

책 쓰기를 결심한 순간부터 지금까지 줄곧 '책인사'라는 커뮤니티를 들락거렸다. 그 공간에서 이미 책을 출간했거나 출간을 준비하고 있는 많은 동료 작가들과 소통하며 글을 썼다. 글쓰기는 외롭고 고독한 여정이다. 함께 쓰는 글벗이 있다는 것만으로도 좀 더 용기를 낼 수 있었다. 이 길을 먼저 걸어간 선배 작가들을 통해 책 출간 과정을 간접적으로 경험했다. 동료 작가들이 성장하는 모습을 보며 흔들리다가도 다시 제자리를 찾았다. 덕분에 함께 쓰지 않았다면 묻혔을 나만의 이야기가 기록으로 남았다. 무모했지만 열정이 넘쳤던 여행의 한 페이지, 늦잠으로 공항까지 전력 질주했던 아찔한 경험, 사시사철 멈추지 않는 식욕에 대한 고찰, 그리고 사과 농사를 지으시는 시부모님을 통해 깨달은 농부의 노고까지 여러 이야기가 블로그에 쌓였다. 정성 들여 살아낸 하루하루를 기록했고, 글을 쓰면서 지나갔던 추억을 되살려보았다. 따뜻한 응원을 받으며 매일 썼다.

함께 쓰다 보니 그저 응원하는 데 그치지 않고 서로의 글을 평가해 주는 '합평'에 다다르게 되었다. **합평은 다독, 다작, 다상량이 함께 어우러진 과정이었다. 많이 쓰고, 서로의 글을 많이 읽고, 많이 생각하여 글에 대한 평가를 전하는 과정을 통해 발끈하지 않고 지적과 조언을 받아들이는 연습과 상대를 배려하며 의견을 전하는 연습을 동시에 해볼 수 있었다.** 누구나 자신을 향한 비판에는 취약하다. 빨간 펜이 그어진 시험지를 마주하는 것은 나이가 들어도 여전히 마음 아픈 일이다. 비판과 비난을 구분하는 데 어려움을 겪기도 한다. 합평은 서로의 글에 대해 '비평'을 나누는 시간이다. 글을 쓴 사람이 아니라 글이라는 객체에 대해, 비난이 아닌 비판이나 비평이 되어야 한다. 때때로 경계를 벗어나는 이들이 있을 수 있다. 글이 아닌 자신에 대한 비난과 질타로 받아들여지기도 할 것이다. 그러니 대학 생활이 합평으로 시작해 합평으로 끝난다는 문예 창작과 학생들은 수도 없이 이 길이 맞는지 자문하며 중도 하차를 고민하는 게 아닐까?

합평이 아무리 중요하다지만, 쓰리고 아픈 상처를 준다면 선뜻 도전하기가 주저된다. 그런데도 왜 많은 글쓰기 모임에서 '합평'을 강조할까? 신제품을 개발하면 본격적인 양산이 시작되기 전 실제 소비자 사용 환경을 모사한 테스트 조건에서 장기 신뢰성 평가를 진행한다. 이는 실전을 앞둔 치열한 연습게임과도 같다. 평가 도중 불량이나 취약점이 발견되면 개선 방안을 찾아 제품에 반영한다. 최종적으로 기능과 품질 모두 합격점을 받은 제품만이 소비자에게 전달된다. 글쓰기도 마찬가지이다. 글쓰기 실력 향상을 위해 공개하는 글쓰기를 이어가는 한, 내 글은 언젠가 세상의 평가를 받게 된다. 합평은 어쩌면 어느 정도 안전망을 갖춘 연습게임이라고도 할 수 있다. 그 안에서 우리는 충분히 취약할 수 있고, 그만큼 다시 성장할 수 있다.

서평 쓰기, 절제된 표현의 미학

　모든 형식은 누군가 이게 가장 편하다고 생각해서 만들어 놓은 것뿐이다. 내게 잘 맞지 않는다면, 자신에게 가장 편한 길을 스스로 찾으면 그만이다. 책을 읽고 쓰는 독후감과 서평도 세상이 정한 형식에 구애받지 않고 자유롭게 쓰면 된다. 다만, 처음 시작하는 이들에게는 먼저 걸어간 이들의 경험이 도움이 되기도 한다. 그런 의미에서 내가 서평을 썼던 과정을 소개하자면 다음과 같다.

　우선, 서평을 쓰겠다고 마음을 먹으면 책을 읽을 때부터 방법이 달라졌다. 책에 표시하지 않고 깨끗하게 읽은 만큼 머리도 깨끗하게 비워졌다. 마지막 페이지까지 모두 읽은 후 기억하고 싶은 문장을 찾기 위해 처음부터 책을 뒤적여야 했다. 이래서는 안 되겠다 싶어 마음에 와닿는 내용을 만날 때마다 사진을 찍었다. 이 방법도 최선은 아니었다. 시간이 흘러 사진을 다시 보아도 정확히 어떤 문장이 좋았고 당시 떠올랐던 감정과 생각이 뭐였는지 가물가물했다. 그제야 여러 선배들이 밑줄 치고 노트하며 책을 읽으라고 조언했던 이유가 이해되었다. 한껏 지저분하게 읽은 후 메모와 밑줄 쳤던 문장만 모아도 서평의 초고가 완성되니 효율적이었다.

서론은 책을 읽게 된 경위, 표지와 제목이 준 첫인상, 그리고 저자에 대한 짧은 소개로 시작했다. 본론에서는 책 내용과 감상을 소개했는데, 이는 책의 장르에 따라 조금씩 달라졌다. 자기 계발서와 같은 실용서는 장이나 꼭지마다 전하려는 메시지가 비교적 명확했다. 목차를 이용해 개괄적인 설명 후 시작하면 숲과 나무 모두를 수월하게 보여줄 수 있었다. 다만, 책에서 전하는 모든 내용을 담아야 한다는 부담은 갖지 않았다. 예를 들어, 5개 장으로 구성된 실용서가 있다고 치자. 모든 장마다 울림을 주는 메시지가 있다면 좋겠지만, 그렇지 않을 수도 있다. 그럴 때는 각 장마다 억지로 의미를 뽑고 세세하게 정리하기보다는 한 개든 두 개든 인상적인 내용만 소개하는 편을 택했다. 소설이나 에세이는 전체를 관통하는 함축된 메시지 또는 핵심 메시지가 무엇일지 생각해 보았다. 주제와 무관하게 깊은 인상을 주었던 장면과 대사를 추리고 짤막한 이유를 더하기도 했다. 어려울 때도 있었다. 그럴 때는 내가 읽고 느낀 게 거기까지이니 억지로 의미를 만들어내려 하

지 않았다. 경험과 지식이 쌓이면 자연히 알게 되리라 기대하며
그대로 두었다.

**서평을 쓸 때는 글을 읽을 독자를 생각해 책의 주제를 정확하게 소
개해야 좋겠지만, 그렇다고 단순히 책을 요약정리하는 데 그쳐서는 안
된다. 내 몸을 관통 시켜 나만의 언어로 표현해야 한다. 내 느낌, 생각,
경험과 어우러져야 한다. 읽고 쓰기를 반복하니 이 또한 자연스레 가
능해졌다.** 책에 쓰인 짧은 문장 하나가 잊고 있던 과거의 아픈 경
험을 살려내 뒤늦게 치유가 되기도 했고, 모호했던 세계관이 뚜
렷해지기도 했다. 글이 나를 통과하며 남긴 흔적을 담아내니 나
만의 색이 드러나는 서평이자 글이 되었다. 전에 다른 책에서 만
났던 글이 떠오르기도 했고, 인상 깊게 보았던 영화, 드라마, 뉴
스 기사 등과 연결되기도 하였다. 일부러 애쓰지 않았지만, 꾸준
히 쓰다 보니 감사하게도 머릿속 뉴런이 깨어나 제 몫을 해냈다.

평안 감사도 저 싫으면 그만이라는 속담이 있다. 모두가 부러워
하는 자리라도 내게는 고역일 수 있다. 책도 다르지 않다. 다른
이들에게 모두 좋았다고, 내게도 그러리란 법은 없다. 이런 경우
차라리 서평을 쓰지 않는 편을 택했다. 꼭 써야 하는 경우는 마음
에 걸렸던 부분을 솔직하지만 무례하지 않게 표현하려 노력했다.

에둘러 말하지 않는 솔직한 글이 책을 쓴 저자에게도 도움이 되리라고 생각했다. 단, 원색적인 비난이나 무분별한 비판이 아닌, 이유 있는 비평이 되기를 바랐다. 이 세 단어가 가진 사전적 의미를 찾아보면, 비평(批評)은 어떤 대상을 평가하여 논하는 것, 비판(批判)은 잘못된 점을 지적하여 부정적으로 말하는 것, 비난(非難)은 남의 허물을 드러내거나 꼬집어 나쁘게 말하는 것을 뜻한다. 어떤 대상을 자신이 생각하는 기준으로 평가할 수는 있지만, 자신의 기준이 무조건 옳다고 주장하거나 장점을 외면하고 단점만 들춰내서는 안 된다. 내가 옳다고 믿는 그 기준도 나름의 논리가 뒷받침되어야 한다. 누군가 비평은 객관적이고, 비판은 주관적이며, 비난은 이기적이라고 표현했는데, 참 적절하다.

　책의 내용과 특징을 소개하거나 책의 가치를 평가한 글이 서평이다. 처음에는 완성된 작품의 가치를 논하고 평가를 한다니 꽤 부담스러웠다. 지식인이라 불리는 사람에게나 어울리는 진지하고 무거운 작업이 아닐까 싶었다. 책 추천이라 바꿔 생각하니 한결 가벼웠다. '추천'을 하는 과정을 쪼개보면 이렇다. 직접 '경험'하고, 그 과정 중에 받은 인상적인 '느낌'을 기억해, 이후 본인만의 기준으로 '평가'하여, 어울리는 이에게 '추천' 한다. 어떤가? 해볼 만하다고 느껴지지 않는가? **장단점과 필요한 사람을 떠올려 물**

건을 추천하듯, 직접 책을 읽으면서 책의 외형, 저자, 목차, 담고 있는 내용을 두루두루 살피고, 인상적인 장면이나 문장, 느낌을 메모해두었다가 도움이 될 타깃 독자를 생각하며 글을 쓰면 책 소개에 어울리는 글이 된다. 그동안 다녀온 장소, 먹었던 음식, 사용해 본 제품, 시청한 영화나 드라마 등 다양한 경험을 나누고 때로는 추천도 해보았다. 한때는 맛집 검색과 추천이 낙이었는데, 책 추천이라고 못하겠나?

같은 음식도 먹는 사람에 따라 반응이 천차만별이다. 신맛이 상큼하다는 이가 있는 반면, 셔서 입도 못 대겠다는 이도 있다. 책에 대한 감상도 이처럼 다양할 수밖에 없다. 독서법에 대한 책이 한 권 있다고 치자. 이제 막 독서를 시작한 A는 독서에 대한 친절한 눈높이 설명에 흡족했다. 반면, 독서광으로 유명한 B는 뻔한 이야기 같다며 혹평을 남겼다. 같은 책이라도 독자가 처한 상황에 따라 유용할 수도 있고, 무용할 수도 있다. 그러니 서평은 100인 100색인 게 당연하다. 살아온 환경이 다르고, 쌓아온 경험이 다른 우리가 책을 읽고 같은 느낌을 받았다면, 그게 더 이상하다. 내가 쓴 서평은 나의 경험을 기반으로 한다. 남과 비교하여 그 수준을 판단할 필요가 없다.

꼭 맞게 정리된 옷방처럼

'정리'는 손이 많이 가고 퍽 귀찮은 일이다. 옷 정리는 그중에서도 으뜸이다. 사계절 옷을 모두 꺼내둘 만큼 위대한 드레스룸이 없으니 귀찮고 싫어도 일 년에 2번 이상은 정리가 필요했다. 매년 꺼내고 채워 넣기를 반복하며 보관할 수 있을 만큼만 있었으면 하고 한숨을 내뱉었다. 해결 방법은 간단하다. 필요하지 않은 옷은 버리고, 배열 방식을 내게 맞추면 된다. 우선 1일 1비움을 실천하며 상당량을 정리했다. 이후 크게 상의, 하의, 외투 등 종류별로 구획을 나누고, 각 구획 내에서는 색상 별로 정렬했다. 완벽하지는 않지만, 조금씩 나아지고 있다.

글을 쓸 때도 이 정리 노하우가 필요했다. 왜 그럴까? 글쓰기는 글감을 모으는 것에서부터 시작한다. 시간과 경험은 연속적이고 줄지어 흘러가지만 사람의 기억력은 대단하지 못해서 기록으로 남겨놓지 않으면 글감을 놓치게 된다. 나는 기억력이 좋지 않아서 좋은 재료를 만날 때마다 더 열심히 기록으로 남겼다. 기록한 만큼 조각 자료는 늘어났고, 여기저기 흩어져 있었다. 카오스와 같았던 옷방처럼 말이다. 필요할 때 바로 찾아볼 수 없다면, 어디에 무엇이 있는지 모른다면, 아무리 귀한 정보여도 유용하기 어렵다.

국내 독자들에게 〈미저리〉, 〈쇼생크탈출〉과 같은 영화의 원작자로 알려진 스티븐 킹 작가는 소설로 일가를 이루었다고 할 만큼 전 세계적으로 막강한 영향력을 발휘하는 소설가 중 하나이다. 그는 자신이 쓴 글쓰기 교본《유혹하는 글쓰기》에서 집을 짓는 것과 글쓰기를 비유하며, 연장통 준비를 강조했다. 그저 구비하는 데 그치지 않고, 수시로 업데이트도 하고 잘 정리해서, 내 손에 딱 맞게 정리되어 있어야 한다고 말했다. 이를 위해선 매일 유입되는 정보를 주기적으로 정리해 주어야 한다. 유용하지 않은 정보는 비워내고, 비슷한 내용은 함께 묶어, 나만의 분류기준과 체계를 만드는 구조화와 계층화를 하는 것이다. 종류와 색상에 따라 내게 꼭 맞게 정리된 옷방처럼 말이다. **일 잘하는 사람은 폴더 정리에서부터 차이가 난다. 글 잘 쓰는 사람도 글감 정리부터 다르지 않을까? 손에 익은 나만의 연장통이 있다면 글쓰기 시작의 두려움을**

조금 덜어낼 수 있다.

아이디어를 정리하는 방법은 사람마다 다를 수 있다. 손글씨가 여전히 친숙하고 종이에 메모하는 것이 편하다면, 공책에 독서 노트나 아이디어 모음 등과 같은 제목과 번호를 달아 주제별로 분류하고 정리해두면 좋다. 이러면 소중히 기록한 아이디어가 공책 더미에 파묻히는 일은 피할 수 있다. 나는 손글씨가 예쁘지도 않고 쉽게 피로를 느끼는 편이라 IT 기기를 적극 활용했다.

처음 글을 쓰기 시작했을 때는 노트북을 켜고 MS 워드에 썼다. 무거운 구형 노트북을 휴대할 수 없으니 언제 어디서든 쉽게 쓸 수 없다는 핑계를 앞세우는 날들이 많아졌다. 안되겠다 싶어 MS 워드에 써놓았던 글을 모두 에버노트로 옮기고, 스마트폰을 이용하기 시작했다. 이때부터 시간과 공간의 제약이라는 핑계 뒤에 숨을 수 없었다. 좀 더 가볍고 솔직한 글이 써졌다. 출퇴근 버스에서 정제되지 않은 날 것의 글을 토해내기도 했다. 현재 에버노트 앱에는 아이디어 채집, 무작정 메모, 단어 수집, 책쓰기 기획, 프리 라이팅 등 다양한 노트가 있다. 최근 2년 동안 썼던 대부분의 글은 블로그에 포스팅해두었다. 블로그는 키워드 검색이 가능해, 주제별 분류를 해놓지 않아도 쉽게 찾아볼 수 있다. 닥치는 대로 스크랩한 기사나 토막 정보, 그리고 단상에 불과한 짧은 글은 비공개로 설정해 블로그 어딘가에 차곡차곡 담아두었다. 언젠가 필요할 때 요긴하게 쓰이리라는 믿음 한 스푼이 더해져 방 한 자리를 당당하게 차지하고 있다.

창조적 아이디어 발상법 중 하나인 아이디어 보드는 긴 호흡을 가진 글을 쓸 때 유용하다. 방법은 간단하다. 쓰고 싶은 주제가 정해졌다면, 우선 그와 관련된 키워드를 가능한 한 많이 떠올려본다. 일종의 브레인스토밍 단계이다. 다음은 벽에 붙이거나 세워둘 정도의 대형 보드와 포스트잇을 준비한다. 떠오른 키워드를 포스트잇 한 장에 하나씩만 적는다. 이를 대형 보드에 붙인 후 키워드별로 연관된 에피소드를 떠올려 역시 한 장에 하나씩만 다른 색 포스트잇에 적는다. 책이나 기사에서 본 인용문 중 키워드와 관련된 것이 있다면, 이 역시 또 다른 색 포스트잇에 짧게 적는다. 굴비처럼 이어가는 연상화 단계라고 할 수 있다. 이제 포스트잇 수십 장을 모두 보드에 붙이고 분류와 패턴화 작업을 진행한다. 포스트잇을 이리저리 옮기며 그룹핑 하는 것이다. 책을 쓰다 보니, 과정 중 새로운 아이디어나 에피소드가 떠오르기도 하고, 목차 순서를 완전히 새롭게 바꿔야 하는 경우도 있었다. 아이디어 보드를 이용하면, 각각이 개별로 포스트잇에 쓰여있으니 이러

저리 쉽게 옮겨보며 복잡했던 생각을 정리할 수 있었다. 포스트 잇이 가득 붙은 대형 보드에 제대로 정리된 연장통까지 갖추고 나면, 어떤 글이라도 길을 잃지 않고 써낼 수 있을 것 같아 신이 났다. 준비가 끝났으니 이제 쓰기만 하면 된다.

세 번째

글 쓰 기

가슴에 피터팬을 간직한 어른 아이인

우리에게도 칭찬이 필요하다.

나 또한 블로그 댓글로 전해진 따뜻한 칭찬 한마디 덕분에

계속 글을 쓸 수 있었다.

반대로 내가 댓글을 통해 전한 응원에

힘을 얻은 누군가도 있었을 것이다.

용기를 받은 만큼 전했으니,

이런 게 바로 선순환이지 않을까?

제2부

'글'을 쓰길 바랍니다

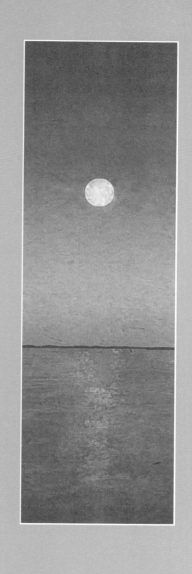

READING

쓰기를 위한 독서의 힘

글쓰기와 책, 떼려야 뗄 수 없는 관계

봄이 가면 여름이 오고, 여름이 지나면 가을이 오듯, 주위 대부분이 결혼하면 임신, 임신하면 출산, 출산하면 좌충우돌 초보맘의 삶을 살아갔다. 참 희한한 일이었다. 수도 없이 봐왔던 그 과정이 어째 내게만 순탄하지 않고 삐걱거렸다. 그래 한 번은 그럴수 있지. 그래 두 번도 그럴 수 있지. 엥? 왜? 뭔데? 왜 나만 이런건데? 엄마라는 이름, 워킹맘이라는 타이틀을 달기가 이리도 어려운 일이었나? 대단히 성공한 삶은 아니었지만, 무참하게 실패한 삶도 아니었다. 의지와 노력으로 필요한 부분을 채워가며 살아왔다. '임신'은 굴곡 없이 평탄한 삶을 살던 내가 처음 맞이한 거대한 파도였다. 몇 차례 임신과 유산을 반복한 후 병원을 찾았다. 의사 선생님이 물었다. "인생에서 중요한 게 뭡니까? 아이를 가지고 행복한 가정을 이루고 싶나요? 그럼 왜 이렇게 살고 있나요? 계속 회사의 노예나 하인 같은 인생을 살 겁니까? 야근과 스트레스로 몸과 마음을 혹사하면서 임신이 되기를 바랍니까?"

난임 휴직 후 첫 1주일 정도는 마냥 좋았다. 부지런한 직장인이 동경하던 한없이 나태한 삶에 맘껏 취했다. 휴양지로 무작정 떠날 수는 없었지만, 호캉스 정도의 느낌이었다고나 할까? 배달 앱으로 룸서비스보다 빠르게 전 세계 메뉴를 마음껏 즐길 수 있으니 더 바랄 게 없어 보였다. 그러나 날마다 일요일 같았던 기쁨이 고작 몇 주를 넘기지 못했다. 시간이 흐를수록 감탄은 줄었고 무료함은 늘었다. 갑자기 뭉텅이로 주어진 시간이 낯설고 어색했다. 망망대해 같은 이 시간을 어떻게 보내야 할지 막막했다. 바쁘던 사람일수록 갑자기 주어진 여유가 더 어색하기 마련이다. 명함이 없어진 삶, 내 이름 석 자 뒤에 붙었던 직책이 사라진 일상이 낯설었다. 의미를 찾기 어려운 일상을 견디는 게 버거워지기 시작했다.

글을 써야겠다는 마음을 처음부터 가졌던 것은 아니다. 글을 쓰는 작가로 살아보겠다는 마음은 더더욱 아니었다. 그럼 왜, 아니 어떻게 글을 쓰게 되었을까? 시작은 무료한 시간을 보내기 위한 독서였다. 무작정 책을 펼쳤다. 책이라도 읽어야겠다 싶었다. 한때는 이불을 뒤집어쓰고 소설책을 즐겨 읽던 문학소녀였다. 밥벌이를 시작하고부터 한 달에 1~2권 정도 읽는 게 고작이었다. 그나마도 업무와 관련된 기술 도서뿐이었다. 휴직 후 본격적으로 읽기 시작하면서 그동안 책에 대한 갈증이 꽤 심했다는 것을 알게 되었다. 집에 있는 책을 거의 다 읽었을 무렵부터 집 근처 도서관을 찾기 시작했다. 제집처럼 드나들던 어느 날, 읽었던 책을 다시 빌려왔다는 사실을 알게 되었다. 평균 2달에 한 번씩 이어졌던 난임 시술에는 난자 채취를 위한 수면 마취가 반드시 포함되었다. 원래도 기억력이 뛰어나지 못했는데, 반복되는 수면 마취로 점점 더 기억력이 떨어지는 기분이었다. 의사 선생님은 수면마취와 기억력 간의 인과관계를 부정했지만, 당사자가 몸으로 느끼는 정도는 꽤 컸다. 성능하락이 시작된 뇌를 대신해 무엇을 어떻게 읽었는지 기억해 줄 곳이 필요했다. SNS에 남기기 시작한 짧은 독서 리뷰, 이것이 내 글쓰기 여정의 시작이었다.

취업 후 바쁘다는 핑계로 멀어졌던 책과 다시 만나니 그 재미가 새삼스러울 만큼 좋았다. 열심히 읽고 열심히 썼다. 책 읽는 재미를 되찾았던 그해에 100권 가까운 책을 읽었다. 다음 해에는 4월에 복직했음에도 불구하고 138권을 읽었다. 다독이 꼭 자랑은 아니지만, 깊이 있게 읽으면서 많이도 읽는다면 나쁠 게 무엇이겠나? 책을 읽으면서 읽은 만큼, 때로는 그 이상을 기록으로 남겼다. 그 결과 300편이 넘는 글이 블로그에 쌓였다. 초반에 썼던 글은 책에서 기억하고 싶은 문장을 남기는 정도에 그쳤다. 시간이 흐르면서 내 생각과 경험을 담게 되었다. 나를 넘어 사회 그리고 세상과도 연결하게 되었다. 연결고리가 많아지니 쓰는 데 드는 시간도 길어졌지만 가치 있는 소비였다. 내가 쓴 서평을 가장 많이 읽는 사람은 결국 나 자신이니, 이는 나를 위한 기록이었다. 사람들은 독서 리뷰, 독후감, 서평 등 다양한 호칭으로 부르며 내 글을 찾았다. 온라인 공간에 남겼던 개인적인 독서 기록이 누군가에게 도움이 되었는지, 서평을 쓰고 책을 소개하는 블로거라고 불리기도 했다. 나 역시 블로그에 켜켜이 쌓인 기억의 편린을 종종 들여다보았다. 읽을 때마다 미세하게 새로웠고, 그렇게 받은 영감으로 또 다른 글을 쓰기도 했다.

희미하게 떠오른 상이 대체 무엇인지 뿌옇기만 할 때가 있다. 도통 어떻게 시작해야 할지 모르겠는 때가 있다. **글쓰기가 막막해질 때면 손에 잡히는 대로 책을 집어 들어 읽었다. 떠오르는 것을 붙잡아 활자로 옮겼다. 목차에 있는 짧은 문장이나 단어가 한 편의 글로 연결되는 경우도 있었다. 글쓰기에 필요한 영감은 책 속에 가득했다.** 마음에 와닿는 문장을 만났다면, 그 문장이 유독 인상적인 이유가 있기 마련이다. 평소 내 생각과 비슷하여 공감이 되었을 수도 있고, 비슷한 경험을 했기 때문일 수도 있다. 반대로 저자의 생각에 동의하지 못했기 때문일 수도 있다. 책에서 만난 단어와 문장이 내 안으로 쏙 들어와 어딘가를 톡톡 건드리자 기다렸다는 듯 글 보따리가 와르르 풀려버렸다. 그럴 때는 그저 떠오르는 것들을 활자로 옮기기만 할 뿐이었다. 이러니 글쓰기와 책을 분리해서 생각하기 어렵다. 떼려야 뗄 수 없는 관계이다.

독서도 책도 좋아하지 않던 그녀가

지이잉~ 하고 핸드폰 진동이 울렸다. 친구가 보낸 메시지가 도착했다. "독서 좀 해야겠는데 어떻게 시작해야 하니? 나처럼 독서와 거리가 먼 사람에게 어울리는 책 좀 추천해 줘." 독서도 책도 좋아하지 않던 그녀가 갑자기 왜? 아이들은 부모의 행동을 미러링(거울 효과)하며 성장한다. 아이가 따라 했으면 하는 모습을 보여주기 위해 그녀는 책과 친해져 보기로 마음먹었다. 그러나 경험이 없으니 어떻게 시작해야 할지 막막했다. 그녀처럼 경험이 부족한 초심자가 심하게 어렵거나 난해한 책을 선택했다면 어떨까? 읽는 재미를 발견하기도 전에 포기를 선택하지 않을까? 독서와 영영 벽을 쌓게 되지 않을까? 독서 구력이 있는 편이라면 자신의 상황이나 취향에 맞는 책을 자유롭게 선택하면 된다. 좋은 부모가 되기 위해 독서를 결심했던 친구처럼 책은커녕 활자와도 친하지 않았다면, 글밥이 적고 두껍지 않은 책이 좋다. 동화책이나 그림책도 괜찮다. 이는 성인뿐만 아니라 아이에게도 동일하게 적용된다. 만화책이나 게임 책만 본다고 나무랄 게 아니다. 그런 책이라도 보아야 아이가 활자와 친해진다. 재미를 느껴야 계속 이어갈 수 있다.

책 선택, 결코 쉬운 일이 아니다. 나도 같은 어려움을 겪었다. 사회생활을 시작하고 독서와 거리가 멀어졌다. 다시 시작하려니 책을 선택하는 것부터 난관이었다. 학창 시절 공부를 하다 어려운 문제를 만나면 주위에 조언을 구하거나, 믿을만한 참고서를 찾아보았다. 새롭게 입문한 독서생활에도 참고서가 있다면? 가장 쉽게 접할 수 있는 것은 매주 또는 매월 발표되는 베스트셀러 목록이었다. 서점에서는 인기 있는 책을 모아 베스트셀러라는 이름으로 발표했다. 대형서점뿐만이 아니다. 규모가 작은 독립서점도 관심사나 개성을 살려 저마다의 목록을 소개했다. 판매 부수로 나타나는 독자의 반응 외에도 출판사 규모, 홍보나 마케팅 역량, 저자 인지도 등이 베스트셀러에 영향을 준다고 알려져 있다. 그뿐일까? 인기 있는 인플루언서가 소개하는 책이 단기간에 베스트셀러에 오르는 경우도 더러 있었다. 베스트셀러라고 해서 자신에게 잘 맞는 좋은 책이라고 보장하기 어렵다. 참조는 하되 취사선택할 수 있는 본인만의 기준이 필요하다.

베스트셀러보다는 스테디셀러 목록을 편애했다. 폭풍처럼 등장해 반짝 인기를 끌다 사라지는 쪽이 전자라면, 후자는 독자들이 오랜 시간 꾸준히 찾는 곰탕 같은 책이기 때문이다. 좀 더 검증된 책을 읽고 싶을 때는 고전이라 불리는 책을 선택했다. 조금 다른 방법도 있다. 자기 계발서에는 저자가 책을 쓰며 읽었던 참조 서적을 책 뒤편에 소개하는 경우가 많다. 평소 좋아하는 저자가 추천하는 책이라면 믿고 읽을 만하지 않을까? 다양한 경로로 확보한 책 정보를 계속 모으다 보니 메모장이 넘쳐났다. 어린 시절 긴 겨울을 나기 위해 엄마가 꼭 점검하셨던 두 가지가 있었다. 좁은 창고를 꽉 채운 연탄과 김장독에 가득한 김장김치, 이 두 가지가 준비되면 겨울맞이 준비가 끝났다고 하셨다. **메모장에 넘쳐나는 추천 책 목록은 마음에 찾아온 동절기 한파를 위한 연탄이고 김장김치인 셈이었다. 보고 있노라면 먹지 않아도 배가 부르고 따뜻함이 느껴졌다. 책 선택도 추천도 덕분에 수월했다.**

업무상 새로운 고객과 미팅을 하게 될 기회가 많았다. 준비운동 없이 시작한 운동의 효과가 미미하듯, 워밍업 없이 시작된 미팅은 딱딱한 분위기가 깨지지 않았고 결과도 좋지 않았다. 무엇이 문제였을까? 상담이나 치료 등에서는 라포 형성, 즉 신뢰관계 구축을 강조한다. 라포(rapport)는 '다리를 놓다'라는 뜻의 프랑스어에서 기원한 말이다. 비즈니스 관계로 만난 상대와도 이 라포 형성이 잘 되었다면 친밀한 교감을 나누며 성과를 창출할 확률이 높다. 책과의 만남도 마찬가지이다. 내게 맞는 책을 선택한 후, 표지, 저자 소개, 목차, 프롤로그의 순서로 천천히 친밀감을 쌓아 갔다. 책 표지는 첫인상이라고 할 수 있다. 표지 디자인과 제목을 통해 책의 내용을 짐작해 보았다. 첫인상이 한 사람에 대한 평가를 좌우하기도 할 만큼, 책의 표지 역시 꽤 큰 영향을 주었다. 다음, 저자 소개를 읽고 책의 논조를 예상해 보았다. 같은 주제라도 저자의 이력과 철학에 따라 다른 방향성을 가질 수 있다는 것을 경험으로 알게 되었다. 마지막으로 목차와 프롤로그를 살펴보면 저자가 어떤 내용을 전달하고 싶은지 그 의도가 조금 더 선명해졌다. **처음 만난 책과 천천히 라포를 형성하고 본격적으로 읽기 시작하니, 책이 전하는 메시지에 좀 더 쉽게 다가갈 수 있었다. 예열 후 시동이 걸린 자동차처럼 부드럽고 강하게 독서 추진력을 받을 수 있었다.**

읽는 속도도 방법도 각자의 상황에 따라 다르기 마련이다. 책과 친하지 않았다면 쉬운 책으로 가볍게 시작하되, 작은 분량이더라도 매일 읽기를 지속하여 독서습관을 만들어주면 좋다. 평생 독서와 거리가 먼 삶을 살던 이가 어느 날 갑자기 이제 나도 책 읽는 사람이 되겠다며 무리해서 읽기 시작하면 어떨까? 급하게 먹으면

냉수에도 체하는 법이다. 서점에 나가 둘러보면, 페이지마다 글씨가 빼곡한 책이 있는가 하면, SNS 글처럼 여백이 많은 책도 있다. 글밥과 자신의 수준에 따라 매일 읽을 분량을 가능한 한 작게, 부담이 되지 않을 수준으로 정하면 좋겠다. **우리의 지향점은 어쩌다 한 번, 새해가 되었으니 한 번, 이런 이벤트성이 아니라 작고 꾸준한 독서, '작꾸독'이다. 작은 분량이라도 자신만의 속도로 매일매일 꾸준하게 읽는 것이 무리해서 시도하다 포기하는 것보다 훨씬 가치 있다.** 하루에 더도 말고 덜도 말고 딱 10쪽씩만 읽어보면 어떨까?

겨우 이만큼씩 읽어서 어느 세월에 한 권을 다 읽나 싶을 수도 있다. 과연 그럴까? 매일 10페이지씩만 읽어도 한 달이면 300페이지 한 권 완독이 가능하다. 하루에 10쪽씩 읽는 모임에 참여한 사람들은 시간이 지나자 같은 시간에 20페이지 30페이지씩 술술 읽기도 하였다. 또, 집중력이 부족해 10분을 채 넘기지 못하고 꼼지락거렸던 사람이 30분을 넘어 1시간까지 몰입해 책을 읽어내기도 했다. 이들에게는 매일 10쪽 이상 읽어냈다는 성공 경험이 남았다. 사람은 무언가 해냈다는 것을 스스로 확인했을 때 자신이 쓸모 있다는 자기 효능감(self efficacy)을 느끼게 된다. 자기 효능감이 높아지면 성취 호르몬이라 하는 '도파민'이 분비된다. 도파민이 많아지면 성공 의지가 올라가고, 이 과정에서 자존감도 향상

된다. 그야말로 긍정의 선순환이다. 단지 10쪽씩 책을 읽었을 뿐인데 자기 효능감에, 성취 호르몬에, 자존감까지. 이보다 남는 장사가 있을까?

책을 덮을 수 있는 용기

내가 가장 경계했던 사람은 바로 아빠였다. 나는 어려서부터 신줏단지 모시듯 책을 귀하게 대하였다. 책에 밑줄을 치거나 메모를 하는 것은 있을 수 없는 일이었고, 모서리를 접는 것조차 아까워했다. 빌려온 책이라면 당연한 일이고, 직접 산 책이어도 마찬가지였다. 반대로 아빠는 밑줄을 치고, 메모를 남기고, 모서리를 접기도 하며 읽으셨다. 책장을 넘길 때면 손가락에 힘을 어찌나 세게 주시는지 구겨져 흔적이 남을 때도 많았다. 아빠가 책을 읽고 나면 깨끗하게 아끼던 책이 바로 헌책이 되어 버렸다. 어렸을 때는 이렇게 책을 보시면 어떡하냐고 아빠에게 투정도 많이 하였다. 진짜 좋아하고 아끼는 책이라면 행여나 아빠 눈에 띌까 싶어 보이지 않는 곳에 숨겨두기도 하였다.

요즘은 같은 사람이 맞나 싶을 정도로 정반대가 되었다. 책을 읽으면서 파란색 볼펜으로 밑줄을 쫙쫙 치고, 그 즉시 떠오른 생각을 적는다. 사람의 기억력은 휘발되기 쉽다. 아무리 머리가 좋은 사람이어도 모든 기억을 안고 살아가지 못한다. 우리 뇌가 그리하도록 만들어졌기에 자연스러운 현상이다. 찰나의 순간과 감상을 오래 기억하기 위해서는 휘발되기 전에 기록해두어야 한다. 처음에는 마음에 와닿는 문장이 있는 페이지 번호를 핸드폰 메모장에 써두거나, 사진을 찍어 두는 것으로 대신하였다. 노트에 필기하기도 했다. 기록이라는 기능은 같지만, 읽고 있던 책에서 핸드폰이나 노트로 시선이 옮겨지니 주의가 산만해졌다. 책에 바로 밑줄을 치고 생각이 떠오르는 즉시 메모하는 방법으로 바꾸니 좀 더 깊은 몰입독서가 가능했다. 같은 책을 두 번, 세 번 읽게 되는 경우 같거나 달라지는 생각도 한 페이지에 남겨진 메모로 확인할 수 있었다. 무엇보다 책을 읽고 난 후 리뷰를 쓰는 데도 도움이 되었다. 진정 책을 귀하게 대하는 방법이로구나 싶었다.

책 읽는 재미가 쏠쏠해지고부터는 회사에서 특별한 약속이 없는 날이면 점심을 빨리 먹고 자리로 돌아와 사무실에 비치된 공용 도서를 읽었다. 이럴 때는 책에 밑줄을 치고 메모를 남길 수 없기에 대형 포스트잇을 이용했다. 용도는 여러 가지였다. 인상 깊은 문장이 있는 페이지 번호를 기록하기도 했고, 순간적으로 떠오른 생각을 메모하기도 했다. 책을 읽는 내내 책갈피도 되어주었다. 책을 모두 읽은 후 포스트잇에 모인 내용만 글로 옮겨도 서평의 뼈대가 잡혔다. 책을 주로 빌려 읽는 편이거나 마음이 아파서 도저히 책에 밑줄을 치지 못하겠다면, 이 방법이 차선이 될 수 있겠다.

 자신의 수준보다 높고 어려운 책일수록 그저 활자를 읽는 것으로 끝나게 될 수 있다. 리처드 도킨스 작가가 쓴 《이기적 유전자》를 처음 읽었을 때가 딱 그랬다. 책 뒤에 나온 각 언론사의 소개에 따르면, 이 책은 모든 사람에게 읽혀야 하고 읽을 수 있는, 독자를 천재처럼 느끼게 만드는 대중 과학서라고 하였다. 그러나 내게는 '흰 것은 종이요, 검은 것은 글자이니라.' 마치 이런 느낌이었다. 일반 단행본보다 묵직한 두께의 책을 독서 모임 전까지 완독해야 한다는 중압감에 더 그랬던 것 같다. 속도를 낸 덕분에 다행히도 한 번 더 훑어볼 수 있는 시간을 벌게 되었다. 두 번째 읽을 때는 마음에 와닿거나 인상적인 부분에 열심히 밑줄을 치고, 어떻게 생각하는지 사색하고, 메모도 남기며 읽었다. 그러자 처음과는 달리 책이 내게 말을 거는 것처럼 느껴졌다. **처음 읽었을 때는 정확한 단어 뜻도 모른 채 발음기호대로 영어 단어를 읽는 학생과 비슷했다. 이런 상황이니 '읽었다'가 아니라 '보았다'라고 말하는 게 더 바람직했다. 읽고 쓰고 생각하며 능동적으로 다시 읽은 후에야**

'읽었다'라는 동사를 떳떳하게 붙일 수 있었다.

세계 3대 영적 지도자 중 하나인 에크하르트 톨레 작가가 쓴《에크하르트 톨레의 이 순간의 나》라는 책을 읽을 때도 비슷했다. 이책은 소위 벽돌 책이라 불리는 두꺼운 전문서적 부류에 들지 않는데도 읽는 데 여러 날이 걸렸다. 도돌이표 구간을 반복하듯 진도가 나가지 않았다. 꼭 읽어내고 싶은 마음에 포기할 수가 없었다. 한 번에 이해되지 않거나 거부감이 드는 문장들은 밑줄을 치고 반복해서 읽으며 그 뜻을 헤아려 보았다. 그러자 처음에는 어렵기만 하고 뿌옇던 것이 조금씩 맑아지는 듯했다. 같은 구절을 반복해서 읽어 문장이 담고 있는 깊은 의미를 느끼며, 새로운 의식 상태로 들어가는 것을 명상 독서라고 한다. 바쁜 하루하루를 살아가는 현대인은 책도 빠르게 읽고 싶어 한다. 속독법을 배워 단기간에 더 많은 책을 읽고 빠르게 성장하고픈 열망을 가졌다. 이런시대에 명상 독서법을 소개하는 게 흐름을 따라가지 못하고 뒤떨어져 보일 수도 있지만, 역설적이게도 그렇기에 더 천천히 읽어야 한다. 이따금 활자를 빠르게 읽고 지나치지 않고 손글씨로 따라 써보고, 소리 내어 읽으면서, 사색하고 성찰하는 시간을 가졌다. 이렇게 읽고 나면 책을 오독오독 씹어먹은 듯한 기분이었다. 그제야 책 속의 문장과 문장 사이, 따옴표와 마침표 뒤에 조용히 숨어있던 좋은 양분까지 온전히 흡수했구나 싶었다.

아무리 반복해 읽어도 이해되지 않는 책을 만나기도 했다. 방지턱에 걸린 듯 덜그렁거리며 나아가지 못하는 경우도 있었다. 내가 가진 지식이나 사고의 수준보다 높은 책이어서 그랬을 수도 있고, 가치관이나 세계관이 맞지 않는 책이어서 그랬을 수도 있다. 이도 저도 아닌 이유 없이 불편한 경우도 있었다. 대부분의 사람들은 모든 책은 훌륭하리라는 기대 심리를 가졌다. 나라고 다르지 않아, 이미 시작한 책은 아무리 읽기 힘들고 마음이 불편해도 끝을 봐야 한다는 마음으로 꾸역꾸역 읽었다. 이처럼 모든 책을 인생의 나침반으로 삼으려는 태도를 '완독 콤플렉스'라고 한다. 이 생각이 무서운 게 독서를 하고 싶은 일이 아니라 해야 하는 일로 만들어 버린다. 해야 하는 일이 주는 인상은 대체로 부정적이다. 호감 가지 않는 일을 억지로 꾸역꾸역 하는 모습이 떠오른다. 독서가 그리되면 쓰겠나? 그러니 **내게 맞지 않는 책이라고 생각되면 현재까지 읽은 분량에 상관없이 책을 덮을 수 있는 용기도 필요하다. 독서가 해야 하는 일이 아니라 하고 싶은 일로 남기를 바란다. 이를 위한 첫 번째 실천은 완독 콤플렉스 내려놓기이다.**

익숙함이 지루함이 되지 않도록

취미가 독서인 경우 어떤 장점이 있을까? 우선 다른 취미에 비해 적은 비용으로 즐길 수 있고, 시간과 장소의 제약에도 자유롭다. 전자책이나 오디오북을 선택한다면, 종이책에 비해 더 저렴한 가격으로 읽고 들을 수 있다. 가까운 도서관에 가면 수많은 양서를 무료로 빌려볼 수도 있다. 매번 읽는 내용이 달라지니 새롭다는 느낌도 받을 수 있다. 적은 비용으로 큰 즐거움을 오랫동안 느낄 수 있으니 가성비가 훌륭한 취미활동이라 할만하다. 아무리 장점이 많아도 읽는 행위 자체가 익숙해져 싫증 나고 지루하게 느껴질 수도 있다. 서로를 끔찍이 사랑하는 연인이었지만, 시간이 지나고 익숙해지면 권태기가 찾아오듯 말이다. 익숙함이 지루함이 되지 않도록 사랑에도 독서에도 작은 변주가 필요하다.

집에서는 마음을 다잡아도 주의가 산만해지고 책에 집중하지 못할 때가 많았다. 시선을 빼앗는 핸드폰이나 TV, 눕고 싶어지는 소파 등 유혹적인 선택지가 도처에 깔려 있었기 때문이다. 도서관은 이런 방해꾼으로부터 멀찍이 떨어질 수 있는 최적의 환경이었다. 적막 속에 사각사각 책장 넘기는 소리를 듣다 보면, 저절로 책에 집중이 되었다. 환경을 바꿔 인생을 설계한 후 완전히 다른 삶을 살게 된 자기계발 전문가 벤저민 하디 작가는 《최고의 변화는 어디서 시작하는가》에서 변화와 성장을 위해 '강화된 환경'과 '나쁜 선택지 제거'를 강조했다. 일반적인 환경에 있다면 원하는 행동을 하기 위해 그것을 의식하고 의지력을 동원해야 한다. 하지만, 강화된 환경, 즉 최적화된 환경에 있다면 의식하고 노력하지 않아도 원하는 행동을 자동으로 하게 된다. 또, 선택지가 적을수록 확고한 선택이 가능하다. 따라서, 독서를 위해서도 주위를 분산시키는 선택지를 제거하고 단순하게 만들 필요가 있다.

눈으로 활자를 따라가며 읽는 게 책을 읽는 가장 일반적인 방법이지만, 익숙함을 깨는 작은 변화를 시도해 볼 수 있다. 눈 대신 입과 귀 그리고 손을 활용해 읽는 행위 자체를 바꿔보는 시도이다. 같은 저자의 다른 책을 읽어본다던가, 같은 주제를 다룬 다양한 저자의 책을 읽어보는 것도 재미있는 변주이다. 귀로 듣는 독서를 할 때는 본인이 읽는 소리를 들어도 좋지만, 오디오 북을 활용할 수도 있다. 〈소리

내어 읽다〉와 같은 북튜버 채널 덕분에 귀로 듣는 독서 재미가 배가 되었다. 손으로 써가며 마음에 담아 볼 수도 있다. 향과 맛을 느낄 수 있는 독서법이 있다면 기꺼이 실천해 볼 생각이다. 이 외에도 자신에게 필요한 부분만 추려 읽는 발췌독이나 관련성 높은 책을 모아 해당 주제에 대해 깊게 사고하는 병독을 해볼 수도 있다. 한 번은 인공지능이 하드웨어에 미치는 영향성을 알아보기 위해 구글 딥마인드의 알파고 논문 분석 업무를 맡은 적이 있다. 비전문가인 나는 논문을 읽기 전 우선 다양한 인공지능과 딥러닝 관련 책을 모아 읽기 시작했다. 덕분에 해당 주제에 대해 다각도로 이해할 수 있었다. 지나고 보니 병독의 경험이었다.

여러 방법 중 소리 내어 읽는 낭독에 매력을 느꼈다. 처음에는 아나운서나 성우 등 목소리에 특화되지 않은 일반인이 낭독으로 책을 읽는 게 낯설고 의아했다. 그러던 중 누군가 낭독하는 모습을 직접 볼 기회가 있었다. 차분한 목소리로 책을 읽어주는 소리를 들으니 나도 한번 해보고 싶다는 마음이 들었다. 혼자 하는 것이 쑥스러워 '오감독서'라는 이름을 가진 낭독 모임에 참여해 함께 해보았다. 낭독하는 내 목소리를 녹음해 처음 들었던 날 얼마나 어색하고 쑥스럽던지. 다행히도 하루하루 쌓이는 녹음만큼 내 목소리와도 가까워져 갔다. 천천히 소리 내어 또박또박 읽는 동안 온전히 소리를 내는 것에만 몰입했다. 마무리하지 못했던 회사 업무도, 답답한 인간관계도, 자분자분 손이 많이 가는 SNS도, 모두 잊고 책의 내용에만 집중했다. 그래서인지 낭독을 하는 동안 시간이 평소보다 조금 느리게 가는 기분이었다. 과정 중에는 미처 깨닫지 못했는데, 지나고 보니 결국 낭독을 하는 시간 자체가 내게는 쉼이자 행복이었다.

앞서 소개한 다양한 방법을 하나로 묶어보자면 사적인 독서가 된다. '혼독'이라는 애칭으로도 불리는 혼자 읽기, 즉 사적 독서는 내가 이미 알고 있거나 관심을 가졌던 부분을 벗어나기 어렵다. 이와 대척점에 있는 독서법으로 같은 책을 여럿이 함께 읽는 '함독'이 있다. 이는 정식 독법 분류에 속하지 않는 줄임말이지만, 내가 즐겨 사용하고 좋아하는 방법이다. 이렇게 책을 읽을 때면 함께 읽은 이의 숫자만큼 생각이 확장되는 것을 느꼈다. 하나의 시선으로 읽어 한 개의 감상만 남는 혼독에 비해 함독의 효율은 몇 곱절은 되었다. 10명의 사람이 있으면 10개의 시선이, 100명의 사람이 있으면 100개의 시선이 있는 법이다. 100개의 다른 시선에서 100개의 감상이 나오고 이를 함께 나누니, 그럴 때면 100번 이상 읽는 셈이 되었다.

정해진 시간 내 추리를 통해 단서를 발견하고 퍼즐을 풀어 밀실을 탈출하는 방 탈출 게임을 유독 좋아하는 친구가 있었다. 그녀가 신나게 전하는 게임 요령을 듣고 있자니 이 놀이가 우리 삶과 퍽 닮은 듯했다. 인생은 평생에 걸쳐 진행되는 방 탈출 게임일지도 모르겠다. 처음에는 주어지는 퍼즐이 어렵지도 않고, 먼저 살아낸 이가 남겨준 경험담도 있으니 해볼 만하다. 그런데 갈수록 게임 난이도는 높아지고, 정확하게 답을 알려주는 참고서는 줄어드니 부딪히고 알아차리기를 반복하며 고군분투하게 된다. 그러니 방 탈출은 레벨이 올라갈수록 어렵고, 인생은 살아갈수록 힘이 들 수밖에. 그리고 아무리 경험이 쌓여도 처음 시작하는 이처럼 매번 어려울 수밖에. 나도 이 나이가 처음이고, 처음 살아보는 거라 잘 모르겠다고 했던 윤여정 배우처럼 말이다.

　니체는 체험을 통해 진입로를 알지 못하는 것에 대해서는 그것을 들을 귀도 없는 법이라고 하였다. 다양한 진입로를 알기 위해 스스로 경험해 보는 게 제일이겠지만, 우리는 시간도 재화도 유한한 세계에 살고 있다. 단 한 사람이 평생 할 수 있는 경험치 역시 한계가 있을 수밖에 없다. **독서 모임은 함독의 매력을 진하게 느낄 수 있는 장이었다. 먼저 그 길을 거쳐 간 선배들의 경험이 총망라된 책을 혼자가 아니라 타인과 함께 읽으니, 진입로 개수가 몇 배로 증가**

했다. 혼자 읽을 때는 미처 발견하지 못했던 의미와 통찰을 진입로를 알고 있는 타인의 시선을 통해 깨닫게 되었다. 이야기를 나누고 돌아올 때면 우리가 서로에게 새로운 길을 소개하고 이끄는 모험 가이드 역할을 잘 해냈구나 싶었다.

나만의 공간, 찾아온 케렌시아

〈요즘책방: 책 읽어드립니다〉라는 예능 프로에서는 독서 구력이 웬만하다 싶어도 여전히 부담되는 벽돌 책이나 고전 등을 주로 다뤘다. 내게는 고마운 프로였지만, 한편으로 의아했다. 전 국민의 절반가량이 1년에 책 1권도 읽지 않는 시대에 책을 소개하는 예능 프로가 인기 있을까? 이 프로를 연출했던 PD를 만날 기회가 있다면, 직접 물어보고 싶을 정도였다. 이런 내 우려와 달리 회가 거듭되면 거듭될수록 의외의 호평이 이어졌고, 평소 책을 읽지 않는 사람도 TV 앞으로 모이게 했다. 방송에서 소개된 책은 즉시 서점이 발표하는 베스트셀러 리스트에 오를 만큼 책 판매에도 큰 영향을 주었다. 지금 당장 책을 읽을 수 있는 상황은 아니더라도, 책을 읽고 싶고 책 속의 이야기를 알고 싶다는 열망을 마음 한구석에 품은 채 살아가는 사람이 그만큼 많았나 보다.

방송을 재미있게 본 후 알베르 카뮈 작가의 책을 다시 읽어봐야 겠다는 생각이 들었다. 책을 소개해 주는 TV 프로그램이나 유튜브 채널이 책에 대한 흥미를 불러일으키는 진입로 역할을 해준 덕분이었다. 한 출연자의 유년기 이야기를 듣고 부모님이 책을 읽어야 아이도 그런 부모님의 모습을 모방하여 책과 친해지고 책에 대한 재미도 느낄 수 있다는 당연한 진리를 다시 한번 확인하기도 했다. 무엇보다 책이 얼마나 재미있고 유익한 유흥인지를 절절히 느꼈다. 방송에서 전해주는 책 소개에 나의 상상을 더하니 가상 현실을 보여주는 VR 기기 못지않게 생생한 모습을 떠올릴 수도 있었다. 무엇보다 같은 책을 읽고 다른 감상을 느낀 출연자들의 서사가 흥미로웠다. 연예인을 넘어 그의 진짜 인간적인 면모를 엿볼 수 있었다. **그들은 읽어온 책이 달랐고 지나온 터널이 달랐다. 이런 차이가 현재의 개별성을 만들었다. 어떤 책을 읽어왔는지가 지금 우리의 삶을 말해주고, 지금 어떤 책을 읽는가가 앞으로 우리가 어떤 삶을 어떻게 살아갈지 결정해 준다고 말한다면 너무 큰 비약일까?**

결혼 전 내가 머물던 작은방에는 침대 헤드 위에 늘 책 탑이 쌓여 있었다. 보이는 곳마다 책이 놓여 있어, 손만 뻗으면 책을 집어 펼칠 수 있는 작은방이 내가 지내온 공간이었다. 책을 쉽게 펼칠 수 있는 환경 속에 있으니 자연스레 책과 친해졌다. 나만의 유희가 필요할 때뿐만 아니라, 마음이 아프고 지칠 때도 책을 찾았다. 책 속에서 숨을 고르고, 산소가 내 온몸을 돌아 나가는 것을 느끼고, 다시 힘차게 뛰어나갔다. 한 번, 두 번 이런 경험이 쌓이니, 다시 찾아올 잠시 멈춤도 조금은 덜 두려웠다. 인생은 마라톤이고 언제든 의도치 않은 마음 정지가 찾아올 수 있다. 그러나 괜찮다. 자동심장충격기(AED)를 사용해 심정지 환자의 초기 4분 골든타임을 사수하듯, 책은 의도치 않게 정지된 내 마음을 다시 따뜻하게 데워주고 산소를 흐르게 할 테니. 또, 숨을 고르고 다시 출발할 수 있도록 과열된 마음을 시원하게 식혀줄 테니. 케렌시아(Querencia)는 투우장의 소가 마지막 일전을 앞두고 홀로 잠시 숨을 고르는 '자기만의 공간'을 의미한다. 책과 함께 지내는 환경 속에 있었기에, 책이 곧 '나만의 케렌시아'가 되었다.

난임 시술이 또다시 실패로 끝날 때마다 참 많이 아팠다. 왜 나만 이런 일을 겪어야 하는지, 남들에게 쉬운 일이 나에게는 왜 이리 쉽지 않은 건지, 이만큼 노력해도 안 되는 일이라면 이쯤에서 그만두어야 하는 게 아닌지 어두운 생각은 끊임없이 나를 괴롭혔다. 몸이 힘든 건 둘째치고 수많은 부정적인 생각이 나를 통째로 삼켜버릴 것만 같아서 그게 더 두려웠다. 병원에서 돌아오자마자 책 한 권을 펼쳤다. 칼럼과 방송을 통해 인정받는 의사이자 친절한 '윤답장' 선생으로 유명한 윤홍균 작가의 책이었다. 책을 읽으면서 나 자신을 향하던 냉탕과 온탕의 소용돌이가 한 풀 숨이 죽었다. 내가 세상에서 가장 불행한 사람이라는 자격지심과 피해의식에 싸여 가족과 친구들을 향해 뻗치던 뾰족한 가시도 점차 뭉툭해졌다. 책은 언제나 내게 강력한 치유의 수단이 되었다. 나보다 앞서 힘들고 고통스러운 삶을 살아간 사람들의 이야기가 담겨 있기에, 나만의 상처가 아니라는 연대감을 느낄 수 있었다. 그들의 상처 회복 과정을 간접적으로 느끼며 내게 도움이 될 조언을 구할 수도 있었다. 책을 읽다 보면 작가가 내 마음에 고배율 현미경을 대고 자세히 관찰한 후 쏟아낸 게 아닐까 싶은 문장을 만날 때가 있었다. 나 자신도 이해하기 어려운 복잡한 내 마음이 분명하게 표현된 글을 읽노라면 물기 머금었던 마음이 조금씩 보송해졌다. 그 과정에서 내 생각과 감정을 표현하는 방법을 배우게 되었고, 타인의 마음을 이해하는 공감의 힘도 함께 커졌다.

앞서 이야기했듯, 저렴하다, 재미있다, 새롭다, 생산적이다 등 독서가 취미로써 가지는 장점은 여러 가지이다. 이외에 책에서 얻을 수 있는 또 다른 효능은 무엇일까? 우리는 왜 책을 읽어야 할까? 정보와 지식을 습득할 수 있는 매체가 다양해졌다. 선택지가 다양해진 것과 비례해 책에 대한 관심이 줄어드는 것은 어찌

보면 당연하다. 효율 측면에서도 글자 검색보다 이미지나 영상 검색이 앞선다. 그럼에도 불구하고 내게는 책 읽기가 소중하다. 이 구닥다리 방식을 버릴 수가 없다. 책은 즉각적이지 않다. **책에서 읽은 문장이 내 온몸을 돌아 내가 이해하고 받아들일 수 있는 만큼만 느리게 내 안에 쌓인다. 그 과정이 지난하게 반복될 때 나만의 색과 향기가 만들어진다. 알고리즘이 나를 이해한 것인지, 알고리즘에 따라 내가 변해가는지 모를 거짓 취향이 아니라 진짜 '나'를 바로 세울 수 있다.** 내가 단단해지면 나 자신이 '케렌시아'가 될 수 있다. 책을 읽으며 내 안에 안전지대가 생겼으니 앞으로 마주할 파도 그까이꺼 뭐 대~충 이겨낼 수 있지 않을까?

봄 한 송이, 여름 한 컵, 가을 한 장, 겨울 한 숨

꽃게가 간장 속에
반쯤 몸을 담그고 엎드려 있다.
등판에 간장이 울컥울컥 쏟아질 때
꽃게는 뱃속의 알을 껴안으려고
꿈틀거리다 더 낮게
더 바닥 쪽으로 웅크렸으리라
버둥거렸으리라 버둥거리다가
어찌 할 수 없어서
살 속으로 스며드는 것을
한 때의 어스름을
꽃게는 천천히 받아드렸으리라
껍질이 먹먹해지기 전에
가만히 알들에게 말했으리라
저녁이야
불 끄고 잘 시간이야

안도현 시인은 내가 꼽는 '다르게 생각하기 달인' 중 한 명이다. 시인의 작품 중 《스며드는 것》이라는 시를 읽다 보면 그가 가진 남다른 시선에 감탄하게 된다. 소재가 된 간장게장은 남녀노소 누구라도 알 법한 흔하고 익숙한 소재이다. 시인은 그 평범한 대상을 조금 다른 시선으로 바라보았다. 따뜻한 시선으로 간장게장을 바라보았고, 뱃속의 알을 지키기 위해 버둥거리는 어미의 마음을 읽어냈다. 익숙한 소재지만 신선한 접근이었다. 어떻게 이런 관점에서 사물을 들여다볼 수 있었을까 싶어 경외감이 느껴졌다. **시인 덕분에 편견과 고정관념에서 벗어나 다른 시선으로 볼 수 있게 되었다. 국민 밥도둑이라는 간장게장에 젓가락이 더는 쉽게 가지 못했다. 꽃게가 느꼈을 비극, 절망, 낙담, 희생, 그리고 울음이 차례로 떠올랐고 외면하기 어려웠다.** 우리가 인지하지 못하고 지키지 못하고 있는 작고 연약한 것이 비단 꽃게 알 하나뿐일까 하는 의문도 일었다.

나는 최근에야 조금씩 시를 읽으려 하고 있다. 색다른 표현에 대한 목마름이 자연스레 시에 대한 관심으로 이어졌다. 시인의 표현을 보면 어떻게 저런 생각을 했을까 싶을 때가 많았다. 특히 짧은 시일수록 함축적인 표현에 탄복했다. 고은 시인의 시 "노를 젓다가, 노를 놓쳐버렸다. 비로소 넓은 물을 돌아다보았다", 중

국 시인 두보의 시 "꽃 한 조각 떨어져도 봄빛이 줄거늘, 수만 꽃
잎을 흩날리니 슬픔 어이 견디리", 일본 시인 고바야시 잇사의 하
야쿠 "이슬의 세상은 이슬의 세상이지만, 그렇지만"과 같은 작품
을 필사로 남기며 감탄했다.

　시도하고 있지만 시의 형식과 틀은 아직도 좀 낯설고 어렵다.
짧은 문장 안에 함축된 의미를 발견하는 것이 쉽지 않고, 산문을
읽는 것이 더 편하다. 그럼 시 대신 노래 가사는 어떨까? 어려서
부터 음악을 좋아했다. 마음을 주고 즐기는 만큼 수준과 소양이
높아지지는 않았지만, 음악은 내게 공기나 물과 같았다. 언제 어
디서든 음악을 곁에 두었다. 신나는 음악과 함께 아침을 깨웠고,
잔잔한 노래를 자장가 삼아 잠을 청했다. 장르를 가리지 않고 다
양하게 들으며 '좋다', '너무 좋다', '이 노래 최고다'를 내뱉는 금
사빠(금방 사랑에 빠지다)인 내가 좋아했던 곡들의 공통점을 굳이 찾
자면 노랫말이었다. 불혹이 되어서도 여전하다. 아이유, 잔나비,
이승윤, 그리고 방탄소년단과 같이 노래 가사에 의미와 서사를
담는 뮤지션의 음악에 매일 새롭게 취한다. 이들의 노래 속에서
사랑의 추억은 책 속의 한 페이지가 되었고, 힘들었던 하루는 구
겨진 빨래가 되었다. 또, 사랑하는 상대는 닿을 수 없는 섬이 되
었고, 잊지 못하는 그리움은 끝없이 내리는 눈이 되었다.

〈주저하는 연인들을 위해〉, 잔나비

나는 읽기 쉬운 마음이야. 당신도 스윽 훑고 가셔요.

달랠 길 없는 외로운 마음 있지. 머물다 가셔요. (…)

그러다 밤이 찾아오면 우리 둘만의 비밀을 새겨요.

추억할 그 밤 위에 갈피를 꽂고 선 남몰래 펼쳐보아요.

〈구겨진 하루를〉, 이승윤

구겨진 하루를 가지고 집에 와요. 매일 밤 다려야만 잠에 들 수 있어요

종일 적어내렸던 구구절절한 일기는 손으로 가려야만 진실 할 수 있어요

〈시간의 바깥〉, 아이유

서로를 닮아 기울어진 삶. 소원을 담아 차오르는 달.

하려다 만 괄호 속의 말 이제야 음 음 음

어디도 닿지 않는 나의 닻. 넌 영원히 도착할 수 없는 섬 같아.

헤매던 날 이제야 음 음 음

〈봄날〉, 방탄소년단(BTS)

여긴 온통 겨울 뿐이야 8월에도 겨울이 와

마음은 시간을 달려가네 홀로 남은 설국열차

니 손 잡고 지구 반대편까지 가 이 겨울을 끝내고파

그리움들이 얼마나 눈처럼 내려야 그 봄날이 올까 Friend

'봄 한 송이, 여름 한 컵, 가을 한 장, 겨울 한 숨' 가수 아이유가 표현한 사계절이다. 듣고 보니 참 그러하다. 각 계절을 대표하는 특징을 정확하게 뽑아냈다. 관찰력도 감수성도 부족한 나는 이 표현을 접하고 나서야 볼 수 있었다. 꽃이 피어나는 봄과 시원한 얼음 물이 생각나는 여름, 사진에 담고 싶은 진하게 물든 가을 단풍과 저절로 새어 나오는 차가운 겨울 입김을 말이다. 그룹 잔나비에서 보컬을 맡고 있는 최정훈은 한 인터뷰에서 시집을 자주 읽는다고 하였다. 아이유는 매일 쓰는 일기에서 작사의 영감을 얻는다고 했다. **매일 시를 읽고 일기를 쓰면 그들처럼 창의력을 발휘할 수 있을까? 이런 기대로 바지런히 읽고, 또 바지런히 쓰며 어휘를 저축했다. 이런 과정이 귀찮거나 수고스럽지 않았던 이유는 보이지 않던 것들을 보게 되었을 때의 기쁨이 컸기 때문이다.**

나만의 어휘 통장에 새로운 표현이 차곡차곡 쌓여가고 있다. 안도현 시인의 시에서 한 삽, 아이유의 노래에서 한 삽, 조금씩 퍼 나른 표현에 이자가 붙기도 했다. 새로 알게 된 것을 나만의 표현으로 바꿔볼 때마다 붙는 이자이다. 예금 이자만으로 생활이 가능한 경제적 자유를 달성하는 일은 어려울지도 모르겠지만, 어휘 이자만으로 글쓰기가 가능한 표현의 자유는 도전해 볼 만하지 않을까?

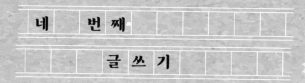

네 번째

글쓰기

책에서 만난 단어와 문장이 내 안으로 쏙 들어와

어딘가를 톡톡 건드리자 기다렸다는 듯

글 보따리가 와르르 풀려버렸다.

그럴 때는 그저 떠오르는 것들을 활자로 옮기기만 할 뿐이었다.

이러니 글쓰기와 책을 분리해서 생각하기 어렵다.

떼려야 뗄 수 없는 관계이다.

GRATITUDE JOURNAL

쓰기의 기적, 감사 일기

글의 신에게 사랑받는 딱 3줄의 마법

글쓰기라는 단어에는 보이지 않는 진입장벽이 있었다. 당장 작가가 되는 것도 아닌데, 지레 겁을 먹기도 했고, 감당할 수 없을 만큼 어려운 기준을 세워놓고는 못하겠다며 손사래를 치기도 했다. 눈치챘겠지만, 그 진입장벽은 스스로 세운 높은 벽이었다. 이런 경험을 해서인지, 글쓰기 포비아(phobia, 공포증) 증상을 보이는 사람들을 볼 때면 예전의 내 모습을 보는 것 같아 안타까웠다. 조금 가볍고 쉽게 시작할 수 없을까? 진짜 자신의 이야기나 솔직한 생각을 자유롭게 쓸 수 없을까? 생각해 보니 내가 보낸 하루를 돌아보는 것만큼 쉽고 편한 시작이 또 있을까 싶었다. 우리는 이미 어린 시절 그림일기부터 방학숙제로 써야 했던 일기까지 다양한 방법으로 하루를 기록하는 경험을 했다. 그 경험을 다시 소환해 보면 어떨까?

소녀가 매일 자신이 보고 듣고 경험하고 느낀 그대로를 솔직하게 기록했던 《안네의 일기》는 문학적 가치와 역사적 가치를 모두 인정받는 고전이 되었다. 지겨운 방학 숙제로만 여겼던 일기가 사실은 글쓰기의 시작이었고, 꾸준하게 연습할 수 있는 좋은 방법이었다. 방송 작가로 시작해 10년 이상 다양한 에세이로 독자들과 만나온 김신회 작가는 《심심과 열심》에서 일상을 담는 글쓰기를 예찬했다. 그녀의 부추김에 솔깃했다. **회사-집-회사-집 이렇게 심심한 일상을 열심히 쓰면 그게 바로 에세이가 될 수 있다니, 얼마나 멋진 일인가? 솔직하게 쓴 일기에 불과한 글이 비슷한 길을 뒤따라 걷고 있는 이에게는 소중한 나침반이 된다니, 얼마나 뿌듯한 일인가?**

일기마저 부담스럽다면, 인상적인 순간만 짧게 기록하는 '감사 일기'는 어떨까? '감사 일기'라는 단어가 많이 보편화되었지만, 여전히 막막하고 부담스럽게 느껴질 수 있다. 나 역시 처음에는 그랬다. 부담스러운 목표는 사람의 의지를 떨어뜨리기에, 무엇이든 시작은 쉽고 간단해야 한다. 우선 하루에 딱 3개씩만 찾아보자는 마음으로 시작했다. 일명 '3줄 감사 일기'였다. 미세먼지 없이 맑은 공기, 어제보다 덜한 교통체증, 따뜻한 커피 향, 설거지를 끝낸 후 깨끗한 주방 등 작고 소소한 것부터 시작했다. 쓰다 보니 자연, 사물, 사람, 그리고 나 자신으로 감사 대상도 다양해졌다. '~때문에'가 아니라 '~덕분에'를 붙이는 날이 많아졌다. 아무리 곱씹어 봐도 좋은 일이 없어 보이는 그런 날에도 '그럼에도 불구하고'를 붙여보면 숨겨졌던 반짝이는 순간이 드러났다. 과연 마법의 접속어라 부를 만했다.

 쓰는 작업을 반복하다 보니 불편했던 옷 솔기가 몸에 맞아가듯, 감사한 순간을 찾는 것이 조금씩 수월해졌다. 연습한 시간만큼 어제보다 오늘, 오늘보다 내일 더 능숙하게 감사한 순간을 찾을 수 있었다. 웃다 보면 웃음이 늘어나듯, 감사 일기를 쓰다 보니 감사한 순간이 더 많아졌다. 물론, 짜증나고 부글부글 끓어오르는 일만 가득했던 하루인데 무슨 감사인가 싶은 날도 있었다. 부정적인 감정은 긍정적인 감정을 쉽게 잠식하고 빈틈을 주지 않았다. 익숙하지 않은 어둠 속에서 한 줄기 빛을 찾아내는 일은 생각보다 더 어려웠다. 하지만 믿었다. 어떤 어둠이라도 시간이 흐르면 적응이 되리라고. 바늘구멍만큼 작은 틈으로 들어오는 빛도 마침내 찾을 수 있으리라고. 믿음이 실현되는 것을 경험하니 자신이 붙었다. 다시 어둠을 만나게 되더라도 이전보다는 덤덤한 마음으로 빛줄기를 찾으려 노력하게 되었다. 화나고 슬펐던 순간에서도 보이는 것 너머의 이면을 어렴풋하게나마 보게 되었고, 이를 기쁜 마음으로 기록했다.

오늘 당신은 어떤 하루를 보냈는가? 모든 순간순간이 행복하고 아름다웠나? 반대로 슬픔과 아픔으로 가득했나? 우리의 날들은 희로애락이라는 4가지 감정 중 단 하나로만 채워지기 어렵다. 노여움과 슬픔으로 꽉꽉 채워진 날 속에도 아이의 웃음, 맑은 공기, 아름다운 노을, 시원한 물 한 잔 등 찰나의 기쁨과 즐거움의 순간이 분명 있을 것이다. 하루를 돌아보고 쓰는 일기에도 여러 종류가 있다. **여러 빛깔의 희로애락 중 따스한 촛불처럼 온기가 느껴지는 순간을 길어 올려 감사 일기를 썼다. 그 고운 감정을 뜰채로 조심스럽게 떠 나만의 언어로 기록했다. 벌써 3년째이다. 돌아보니 이는 나를 스쳐간 작지만 감사한 순간을 채집하는 연습인 동시에 짧은 글쓰기 훈련이었다.** 감사한 마음이 들었던 순간을 그 상황이 눈에 보이고 손에 잡힐 듯 생생하게 글로 옮겨주는 과정을 매일 반복하니 관찰력과 표현력이 함께 늘었다. 무엇보다 무심코 흘려보내던 일상 속 글감을 놓치지 않고 차곡차곡 잡아둘 수 있었다. 이런 표현력과 글감이 모여 긴 글쓰기로도 이어졌다.

세상에서 가장 행복한 사람은

미국 미주리주 캔자스시티의 아주 작은 시골 마을에서 시작된 프로젝트가 있다. 미국을 넘어 전 세계로 퍼져나가 106개국 1,000만 명이 참여했던 '불평 제로'라는 프로젝트이다. 참여하는 방법은 매우 간단했다. 변화를 상징하는 보라색 고무밴드를 한쪽 손목에 차고 있다가 불평이나 불만이 터져 나올 때마다 다른 쪽으로 옮겨주기를 21일 동안 이어가는 것이다. 책 《불평 없이 살아보기》에 소개된 이 프로젝트가 제안하는 지침대로 단 하루만 실천해 보아도 깨닫게 된다. 자신이 생각보다 훨씬 많은 불평과 불만을 토로하며 살아가고 있다는 것을 말이다.

날씨는 우중충하고, 몸은 찌뿌둥하기만 했다. 갈수록 심해지는 듯한 교통 체증 끝에 도착한 사무실 문을 열자마자 바로 퇴근해야 할 것 같이 피곤이 몰려왔다. 정신을 차리기도 전에 회의에 끌려갔다. 또 위기라고 했다. 회사는 입사 이후 해마다 위기였던 것 같다. 상사의 꼰대 언행과 후배의 세상 물정 모르는 소리 모두 답답했다. 온종일 마스크를 끼고 있으려니 숨도 막히고 머리도 아팠다. 이놈의 코로나는 끝이 보이지 않았다. 이 와중에 또 야근, 내일의 체력을 끌어와 오늘 야근을 버텼다. 불평으로 시작해 불만으로 끝났던 어느 하루의 모습이다. 보라색 고무밴드를 수도 없이 옮겨주어야 끝났을 하루를 보내고 나면 아침에 눈을 떠 잠자리에 들기까지 하기 싫은 일만 한 기분이었다. 불평이 잦아질수록 내가 원하던 삶에서 점점 더 멀어지는 것 같았다. 어떻게 하면 행복한 삶을 살 수 있을지, 남들은 그런 삶을 살고 있는지 궁금했다.

욱하고 화가 치밀어 오를 때도, 반대로 지하 동굴을 파며 가라앉을 때도 있었다. 변화무쌍한 이 감정과 친해져 평정심을 유지하는 게 숙제 같아서 여러 책을 찾아보았다. 그 결과, 사람 뇌에 있는 아미그달라(편도체)라는 부위가 불쾌라는 빨간 신호를 켜서 외부 공격으로부터 자신을 지키는 역할을 한다는 것을 알게 되었다. 또, 이 빨간 신호는 90초 후에 스스로 꺼진다는 것도 알게 되었다. 불평이 나의 통제를 비집고 나와 존재감을 발휘하려는 순간, 이 사실을 인지하려 노력했다. 실패할 때가 더 많았지만 간혹 성공한 날에는 편도체에 적색경보가 켜진 것을 인식하는 것만으로도 요동치는 감정을 잠시 멈출 수 있었다. 감정 기복으로부터 조금은 자유로울 수 있었다.

"교통사고가 크게 났지만 살아있으니 감사하다. 암 진단을 받았지만 치료가 비교적 용이한 갑상선암이라 감사하다. 또 다른 가족이 아닌 내가 아파서 감사하다." 이는 내가 감사의 달인이라 꼽는 《리본 RE:BORN》의 저자 홍사라 작가가 직접 썼던 감사 일기 중 일부이다. 교통사고와 암처럼 위중한 순간에도 감사한 부분을 찾아내다니 모든 일에 감사하는 태도가 몸에 배었기에 가능한 일일 것이다. 누군가는 그저 자기만족을 위한 '정신승리'일 뿐이지 않냐며 비아냥거릴 수도 있다. 그렇게 생각할 수도 있겠지만, **의도적으로 감사한 순간 찾기를 지속해 보니 내게 찾아온 변화를 자각할 수 있었다. 불만이 차오르는 순간에도 감사한 부분은 없었나 생각해 볼 수 있었고, 불평하는 습관이 줄어드는 선순환이 일어났다.** "행복은 언제나 감사의 문으로 들어와서 불평의 문으로 나간다"라는 서양 속담이 있다. 불평하지 않기와 감사하기가 함께 필요한 이유이다.

2019년 10월부터 감사 일기를 써왔다. 중간에 빠진 날도 더러 있었지만, 다행히 멈추지 않고 지속하고 있다. 심리학, 의학, 뇌과학 등 다양한 분야에서 진행한 연구에 따르면, 감사의 효과는 다양하다. 뇌 혈류량 증가, 스트레스 완화, 엔도르핀과 같은 행복 호르몬 분비, 심장 박동과 혈압 안정, 근육 이완 등 나열하자면 한도 끝도 없다. 내가 이런 거창한 효과를 기대하며 시작했을까? 당연히 그렇지 않았다. 그저 내 안에 뾰족하게 돋은 가시가 조금 무뎌지기를 바라는 마음이었다. 조금 더 솔직히 말하자면, 별생각이 없었다. 한번 해볼까 하는 마음에 그냥 시작했다.

난임 휴직을 하고 임신 준비에 초점을 맞추고 지내는 일상은 어제가 오늘 같고, 오늘이 내일 같은 그런 날들이었다. 주위 대부분이 워킹맘이었기 때문에 평일 낮에 함께 보낼만한 지인도 거의 없었다. 시험관 시술 준비가 시작되면 움직임을 최소화하려 노력했기 때문에, 생활 반경은 극도로 제한적이었다. 교류하는 사람도 남편과 친정 부모님이 전부였다. 그런 하루를 돌아보며 감사했던 순간을 찾아내는 일은 꽤 어려웠다. 매번 또 무엇으로 감사 일기 3꼭지를 채워야 하나 걱정이 앞섰다. 그런데 참 희한했다. 일단 쓰기 시작하면, 이것저것 감사한 일이 떠올랐다. 미세먼지 없는 맑은 하늘도, 시들어가던 식물이 다시 생기를 찾은 것도, 평소보다 소화가 잘 된 것도 감사했다. 호르몬 주사 때문에 낮에는 졸리고 밤에는 잠이 오지 않아 뒤척였던 날에는 그 덕에 고요한 새벽에 집중하여 책을 읽을 수 있었으니 감사하다며 일기를 썼다.

열심히 감사했던 순간을 찾다 보니 신기한 일도 더러 있었다. 하루는 손이 미끄러웠는지 그릇을 떨어뜨려 와장창 깨트렸다. 평소 같으면 조심하지 못했던 자신을 자책하거나, 깨진 그릇 조각을 치워야 하는 귀찮은 상황에 짜증이 났을 게 분명했다. 감사 일기를 쓰고 있다고 이런 부적정인 생각이 사라지지는 않았다. 다만, 시간이 좀 걸리긴 해도 부정적인 생각 너머까지 헤아려 볼 수 있게 되었다. '비록 아끼던 그릇이 깨졌지만, 그래도 다치지 않아 다행이고 감사하지 않은가?'라고 생각할 수 있게 되었다. 모르는 사이 조금씩 마음에 자리 잡은 감사 근육 덕분이다. 이렇게 감사 일기를 쓰고 나면 안전하다는 느낌을 받았다.

행복은 시대와 장소를 뛰어넘어 우리 모두의 영원한 '화두' 중 하나이다. 소크라테스와 함께 그리스 철학의 전성기를 이룩한 인물로 알려진 아리스토텔레스는 "행복은 감사하는 사람의 것이다"라고 말했다. 짧지만 강력하다. 또, 인도의 시인 라빈드라나드 타고르는 "감사의 분량이 곧 행복의 분량이다"라고 하였다. 유대인 경전인 《탈무드》에서는 세상에서 가장 행복한 사람은 감사하는 사람이라고 전했다. 남부럽지 않을 만큼 소유하고 이루었지만, 마음이 지옥이라는 이들을 볼 때마다 진정한 행복이 무엇인지 생각해 보게 된다. **안전하고 평온하다는 느낌도 행복을 구성하는**

한 부분이라면, 감사 일기를 쓰면서 행복을 얻었다. 감사 일기를 쓰기만 해도 하루가 변하고 삶이 달라질 수 있다는 말이 절대 과하지 않았다. 일기장에 쌓인 이런 순간순간이 내게 안온한 행복을 선물해 주었다. 행복한 삶에 이르는 길은 재화의 양이나 권력의 높이가 아니라 감사하는 마음을 얼마나 가졌느냐에 있지 않을까? 감사한 순간을 기록해온 지난 시간은 단순한 감사 일기를 뛰어넘어 행복 일기를 썼던 셈이다.

밥 아저씨와 피트 닥터 감독은 알고 있었다

책《왓칭》을 읽다 보면 아가씨와 노파가 겹쳐 보이는 그림이 나온다. 이 그림을 아가씨로 보는 순간 노파가 의식에서 사라진다. 그렇다고 머릿속에서 완전히 지워지는 것은 아니다. 노파를 의식하는 순간 그림 속에 숨어있던 노파가 드러나고, 이번에는 아가씨가 의식에서 사라진다. 이렇듯 전체를 이루는 두 가지가 서로 보완적 관계에 있는 것을 양자물리학에서는 '상보성의 원리'라고 말한다. 모든 일에는 긍정적인 면과 부정적인 면이 함께 존재한다. 내가 오랫동안 지속했던 시험관 시술도 그렇고, 누군가 겪고 있을 고통, 고난, 시련도 마찬가지이다. 어둠이 존재해야 빛이 있을 수 있는 것처럼 우리의 감정도 그러하다. 슬픔이 있어야 기쁨을 온전히 느낄 수 있다. 중요한 것은 긍정적인 면을 좀 더 의식하고 바라보려는 노력이다.

"2019/10/13 좋지 않은 일이 있었지만 그럼에도 불구하고 심연으로 가라앉지 않고 남편과 카페에 가서 책을 읽으며 서로의 마음을 치유했습니다. 함께 아픔을 덤덤히 나눌 수 있는 짝이 있어 감사합니다."

"2019/12/5 시험관 시술 결과가 좋지 않았지만 그럼에도 불구하고 일찍 퇴근한 남편과 서로 위로할 수 있어 감사합니다. 어둠의 터널 속에서 손잡고 함께 걸을 수 있어 감사합니다."

실제로 내가 4차와 5차 시험관 시술의 피검사 결과를 듣던 날 남겼던 감사 일기이다. 2달에 한 번씩 이어졌던 난임 시술 과정은 생각보다 고되었다. 몸도 몸이지만 마음이 매번 심하게 무너졌다. 낙제 성적표 같은 피검 수치 결과를 받으면, 내 삶이 0점짜리라고 부정당하는 기분이었다. 마치 절망의 계곡으로 떨어진 것만 같았다. 허우적대며 가까스로 절벽을 기어 올라왔지만, 다시 또 무거운 무언가에 눌려 바닥으로 떨어지기를 반복했다. 자연스레 자존감도 추락했다. 임신이 아니라는 피검사 결과를 받는 날이면 분노, 원망, 그리고 체념의 소용돌이에 잠식되곤 했다. 이럴 때 **억지로라도 3줄 감사 일기를 썼다. 쥐어짠다는 표현이 어울릴 정도였다. 이렇게 쓰는 게 의미가 있을까 싶었지만, 그렇지 않았다. 쓰고 나면 한결 달라진 마음이 느껴졌다. 감사 일기는 절망적인 상황 속에서도 긍정적인 면을 찾고 집중할 수 있는 능력을 키워 주었다.** 마법의 접속사라 칭했던 '그럼에도 불구하고'를 가운데 두고 앞에서는 고통을 인정하고 대면하였고, 뒤에서는 긍정적인 부분을 찾을 수 있었다. 내 삶에 숨겨진 반짝이는 빛을 찾아낸 순간 겨우 다시 숨을 쉬었다. 그 작은 감사 덕분에 행복이라는 감정도 다시 느낄 수 있었다.

EBS 방송이었던 것 같다. 번개 맞은 머리에 수염 덥수룩한 외국인 아저씨가 나와 붓과 나이프로 몇 번 문지르고 나더니 순식간에 완성된 멋진 풍경화를 보여주며 "참 쉽죠?"라고 말했다. 어릴 때는 그가 마법사나 요술쟁이가 분명하다고 생각했다. 그의 손을 거치면 캔버스에는 산과 풀밭이 펼쳐졌고 계곡 사이로 얼음같이 차가운 물이 흘러내려 투명한 호수가 탄생했다. 그의 너털웃음, 여유로운 표정과 말투는 그림을 그리는 구체적인 기술을 떠나 평온을 선물했다. 늘 인자한 표정이었던 그에게 아픈 사연이 있다는 사실을 뒤늦게 알게 되었다. 암으로 아내를 먼저 떠나보내야 했던 그는 한 방송에서 차분하게 말했다. "어둠을 그리려면 빛을 그려야 하고, 빛을 그리려면 어둠을 그려야 합니다. 빛 안에서 빛을 그리거나, 어둠 속에서 어둠을 그리면 아무것도 보이지 않습니다. 인생도 슬플 때가 있어야 즐거울 때가 있다는 것을 알게 됩니다. 저는 지금 좋은 때가 오기를 기다리고 있습니다."

애정 하는 애니메이션 영화 〈인사이드 아웃〉에는 영화의 주인공인 11살 소녀 라일리의 머릿속 감정 컨트롤 본부에서 일하는 다섯 감정이 등장한다. 기쁨이, 슬픔이, 소심이, 까칠이, 버럭이, 이들의 공동 목표는 라일리를 행복하게 만드는 것이다. 영화 초반, 슬픔이만 등판했다 하면 라일리가 눈물을 쏟는 통에 본부의 대장격인 기쁨이는 슬픔이를 미워했다. 그러나 시간이 지나면서 기쁨이는 슬픔이 역시 라일리의 일부이고, 슬픔이가 없다면 자신의 존재도 없는 것과 마찬가지라는 것을 깨닫게 되었다. 결국 가장 중요한 마지막 순간에 기쁨이는 컨트롤 키를 슬픔이에게 맡겼다. 영화를 만든 피트 닥터 감독은 기쁨이와 슬픔이의 머리색이 블루컬러로 같은 이유를 설명했다. "기쁨은 멀티 컬러인데 블루 헤어를 만든 것은 슬픔과 연결성을 만들고 싶었습니다. 슬픔을 서서히 인정하는 기쁨이의 모습을 관객도 느끼길 원했습니다. 기쁨은 내가 모두를 통제할 수 없다는 걸 인정하게 됩니다. 그런 부분이 잘 전달되었기를 바랍니다."

밥 아저씨와 피트 닥터 감독, 이들은 감정이 결코 혼자 뚝 떨어져 존재할 수 없다는 것을 알고 있었다. 어둠과 빛처럼 슬픔과 기쁨 역시 짝이 되어 공존하는 감정이다. 슬픔, 고난, 분노, 걱정 등이 기쁨을 방해하는 것이 아니라 오히려 기쁨을 강화시키는 요소이다. 절망적인 상황에서도 밝은 부분을 찾고 긍정적인 마음을 가지라는 말이 공허하고 뻔한 설교 같다고 느껴질 수도 있다. 그 절망을 부정하라는 것이 아니다. 힘들고 죽을 것 같은 그 마음은 우선 인정하고 바라봐 주어야 한다. 그러나 남은 평생을 고통의 동굴 속에 계속 갇혀 살고 싶지는 않을 것이다. 그렇다면, 어둠의 터널 끝에 우리를 기다리고 있을 빛을 향해 걸어가야 한다. **감사 일기는 캄캄한 터널 중심에 있더라도 이 어둠을 인정하고, 어디선가 느리게 점멸하고 있을 미세한 빛줄기를 놓치지 않게 해주었다. 그 빛을 등대 삼아 다시 나아가게 해주었다.**

마음이 인색하다 못해 궁색한 사람

스스로 부족하다고 느낄 때가 많았다. 특히 회사 동료들과 나 자신을 비교하며 습관적으로 부족한 것들을 나열했다. 학벌이 부족하고, 어학 실력이 부족하고, IT 기술에 대한 이해가 부족하고, 창의력이 부족하고, 통찰력이 부족하고, 리더십이 부족하고, 관계 맺기에 서툴고 등등. 틈을 메우기 위해 부단히 애썼다. 수면 위 우아한 백조처럼 살기 위해, 수면 아래서는 쉼 없이 물질을 했다. 이상했다. 틈은 메워도 메워도 계속 벌어지는 기분이었다. 나를 부당하게 대하며 물속으로 밀어 넣는 사람에게 겨우 가치를 증명해 보이면, 또 다른 사람이 나타나 수면 아래로 나를 끌어내리는 것만 같았다.

임신 준비를 위해 달리던 열차에서 잠시 내려오게 되었다. 1년 간 나 자신에게 선물했던 '휴식'의 시간은 그동안 관심을 두지 못했던 '나'라는 존재에 처음으로 온전히 집중할 기회가 되었다. 소개팅으로 만난 새로운 상대에 대해 알아가듯, 여러 책을 읽고 글을 쓰면서 나 자신과 조금씩 가까워졌다. 관심을 가지고 보니, 생각보다 이미 가진 게 많은 사람이었다. **이미 가진 것에는 인색하게 굴고 가지지 못한 한 가지에 집착해 부족하다고 생각해온 것이다. 나 자신과 내가 가진 것을 인정하니 부족하다고 생각했던 부분도 보듬어 줄 수 있게 되었다. 마침내 사랑하고 받아들일 수 있게 되었다.**

어떤 상황에서도 감사한 부분을 어려움 없이 찾아낼 정도가 되었다면, 분노에 찬 자신의 모습과 원인을 용기 있게 바라볼 수도 있다. 화가 나는 것은 사실이지만 감사하고 고마운 부분도 있지 않은가 하며 어르고 달래 줄 수 있다. 두려움을 느끼게 하는 무언가가 내게 계획된 일이라면, 받아들이겠다는 마음도 가질 수 있다. 그런데 불평 없이 받아들이겠다는 마음, '받아들임'은 무엇일까? 나는 무신론자이다. '받아들임'이나 '내맡김'과 같은 용어가 낯설었고 이질감마저 느꼈다. 교장선생님이나 사장님의 훈화 말씀이 대체로 그렇듯 뜬구름 잡는 이야기 같았다. 스스로 논리적이고 이성적인 편이라 생각해 와서인지 쉽게 마음을 열지 못했다. 이럴 때는 눈에 보이는 실증적인 사례가 필요하다. 나는 그 사례를 TV 속에서 찾았다.

종합병원을 무대로 펼쳐지는 다양한 이야기를 담은 드라마 〈슬기로운 의사생활〉 속 한 장면이 내 눈길을 사로잡았다. 긴급 콜을 받고 응급실로 뛰어간 신경외과 담당 채송화 교수 앞에 의식을 잃은 한 남자가 누워있다. 뇌출혈이라고 했다. 남자 곁에 서 있던 여자는 눈물을 흘리며 채 교수 팔을 붙잡고 말했다. "선생님, 저는 우리 남편 걷지 못해도 괜찮아요. 목숨만 살려주세요. 제발 목숨만." 어려운 수술이었지만 담당 의료진은 최선을 다하였고, 수술이 끝난 후에도 진심을 담은 치료로 다행히 남자는 의식을 되찾았다. 여자는 고생한 의료진에게 감사 인사를 전했다. 남자는 어두운 표정이었다. 감각이 느껴지지 않는 팔을 가리키며 왜 살렸냐고, 이렇게 사느니 죽는 게 낫다고 고함을 지르며 울부짖었다. 또 다른 장면이 하나 있다. 〈서프라이즈〉에 소개된 '아내의 마지막 선물'편이다. 평소 잉꼬부부로 유명한 부부가 있었다. 어느 날 부엌에서 갑자기 쓰러져 병원에 실려 간 아내는 난소암 진단을 받고 항암치료를 시작했다. "내가 죽으면 우리 아이들에게도 좋은 엄마를 찾아줘. 당신에게도 좋은 아내가 필요할 거예요." 자신에게 남은 시간이 길지 않다는 것을 느낀 아내는 남편에게 이런 당부를 전하고 얼마 못 가 숨을 거뒀다.

〈슬기로운 의사생활〉 속 그 남자와 〈서프라이즈〉의 그 여자는 삶의 고난과 죽음 앞에 왜 이리 다른 반응을 보였을까? 나는 이 차이가 바로 '받아들임'이라고 생각했다. 자신에게 닥친 절망과 고통 앞에선 누구라도 분노하고 현실을 부정할 것이다. 뇌출혈로 실려 온 그의 생명을 구하기 위해서는 해당 신경을 훼손할 수밖에 없었다. 멀쩡하던 팔을 쓸 수 없다는 낙담과 체념은 자신을 살려 준 의료진에게 느껴야 마땅한 감사도 느끼지 못하게 하였다. 반면, 그녀는 자신에게 드리워진 죽음을 담담히 수용했다. 자신이 떠난 후 남게 될 남편과 아이들의 삶이 슬픔과 고통으로만 가득하지 않기를 진심으로 바라는 모습이었다. 부정, 분노, 타협, 우울, 그리고 수용에 이르는 말기 암 환자의 심리 반응 단계는 우리가 겪는 일반적인 시련과 고통에도 적용 가능하다. 그 여자는 수용의 단계에 있었지만, 그 남자는 아직 부정과 분노의 단계에 있었다. 시간이 흘러 수용의 단계에 다다른다면, 그때야 비로소 감사함을 깨닫게 될 것이다.

21세기의 영적 교사로 일컬어지는 에크하르트 톨레 작가는《삶으로 다시 떠오르기》에서 이미 존재하는 자기 삶의 좋은 것을 '인정'하는 것이 풍요의 시작이라고 하였다. 세계적인 영적 멘토 중 하나인 루이스 L. 헤이 작가는《치유》에서 자신이 당면한 여러 문제를 해결하는 유일한 방법은 자신을 있는 그대로 사랑하고 '인정'

하는 것이라고 하였다. 〈서프라이즈〉 속 그녀와 〈슬기로운 의사생활〉 속 그가 다른 반응을 보였던 이유를 굳이 찾자면 이 '인정' 능력에 차이가 있었으리라 생각한다. 자신이 처한 현실을 직시하고 받아들이는 정도, 가진 것을 먼저 발견할 수 있는 용기가 그들 사이에 다른 결과를 만들어냈을 것이다. 주위를 둘러보면 마음이 인색한 사람이 많다. **아낄 '인(吝)'과 아낄 '색(嗇)'이 합쳐져 '인색(吝嗇)'이라는 단어가 된다. 이미 가진 것을 인정하지 못하니 자꾸 아껴야 할 것 같아 아끼고 아끼다가 종국에는 마음이 인색하다 못해 궁색한 사람이 되어간다. 내가 가진 소중한 것을 볼 수 있을 때 행복이 시작된다.** 제발 우리 인정 좀 해보면 어떨까?

내 글이 세상을 아름답게 만들 수 있다면

감사 일기를 쓰겠노라 마음먹은 후 매일매일 꾸준히 블로그에 감사 일기를 올렸다. 집콕과 방콕이 생활인 난임 휴직자에게 드라마틱한 소재가 있을 리 없기에 그 내용은 작고 하찮았다. 시간이 흐르자 이 별거 아닌 소소한 일상에 반응을 보이는 사람이 생겼다. 친정엄마가 첫 번째였다. 병원에서는 시술 후 고단백질 음식을 섭취하며 안정을 취하라고 하였다. 같이 살면서 삼시 세끼 챙겨줄 수 없는 엄마는 딸의 일거수일투족을 궁금해하셨다. 3~4일이 멀다 하고 반찬을 해 나르면서도 매일 안부 연락을 주셨다. 딸이 블로그에 감사 일기를 포스팅하기 시작하자, 엄마는 열혈 독자가 되었고 안부 전화 빈도가 줄었다. 기대 이상으로 혼자 잘 지내는 모습에 안심하신 듯했다. 다시 예전처럼 주민센터에 운동도 하러 가시고, 친구들과의 모임에도 적극적으로 나가셨다.

다음으로 블로그 이웃이 반응하기 시작했다. 내가 다른 사람이 쓴 감사 일기를 보며 힌트를 얻었던 것처럼, 그들도 내가 쓴 감사 일기를 보면서 '나도 이런 일이 있었는데, 이런 것도 감사한 일이구나'라고 생각해 볼 수 있었다고 했다. 꾸준히 지켜보다 직접 실행으로 옮기는 이도 있었다. 나처럼 3줄 감사 일기를 쓰거나, 노트에 손글씨로 쓴 후 사진을 찍어 블로그에 포스팅하는 등 각자의 방식으로 동참했다. 방법은 조금씩 달랐지만, 참여한 이들 모두가 긍정적인 변화를 느꼈노라 고백했다.

- 감사 일기를 통해 주변에 좋은 사람들이 많다는 것을 깨달았습니다.
- 감사 일기를 쓰면서 제가 행복한 사람이라는 것을 느꼈습니다.
- 그동안 감사한 일들을 너무 당연하게 받아들이고 있었음을 깨달았습니다.
- 꾸역꾸역 억지로라도 쓰다 보니 나중엔 정말 작은 거에도 감사한 마음이 들었습니다.
- 예전에는 '이렇게 한들 뭐가 바뀌겠어'라고 생각했지만, 지금은 일부러라도 긍정적인 생각을 하려고 노력하게 되었습니다.
- 생각하는 것도 습관이라는 것을 알게 되었습니다.
- 외부 환경과 사람들에 의해 나의 감정이 좌지우지되지 않도록 노력하게 되었습니다.

단지 감사 일기를 썼을 뿐인데 내 주변에 변화가, 그것도 좋은 변화가 생겼다. 이를 어떻게 설명할 수 있을까?

 2009년 MBC 방송에서 방청객 200명을 스튜디오에 초대해 재미 있는 실험을 진행한 적이 있다. 심리학 강의를 들으러 온 줄 아는 방청객들에게 사전 안내 없이 부정적인 소문과 긍정적인 소문을 전달한 후 그 소문이 퍼져나가는 속도를 관찰했다. 실험 결과, 좋은 소문은 4~16%의 비율로 퍼져나갔지만, 나쁜 소문은 84~86%의 비율로 퍼져나갔다. 2018년 MIT 연구진은 300만 명에 의해 트윗 된 뉴스 12만 6,000건가량을 분석했다. 그 결과, 두려움, 혐오감, 놀람 등의 감정이 표현된 가짜 뉴스의 전파 속도는 기대감, 신뢰 등의 감정이 표현된 뉴스에 비해 평균 6배, 최대 20배가량 빨랐다.

 인간이 부정적인 소문과 가짜 뉴스의 확산에 미치는 영향은 생각보다 더 대단했다. 감정도 다르지 않아 긍정적 감정보다 부정적 감정이 더 빨리 퍼져나가고 쉽게 물들게 된다. 어떤 집단에 부정적인 에너지를 발산하는 사람이 한 명만 있어도 전체 분위기가 어두워졌던 경험이 한 번쯤은 있을 것이다. 반대로 특유의 밝은 에너지를 가진 사람 한 명 덕분에 분위기가 밝아지고 좋아지는 예도 있기는 하다. 하지만, 그 속도에 큰 차이가 있다. 친구들 증언에 따르면, 아이들도 엄마가 기분이 좋지 않으면 대번에 알아채고 눈치를 보기도 한다. 배우고 익혀서 안다고 하기엔 너무 어린 아이들조차 말이다.

사람, 동물, 식물, 물건, 건물 등 이 세상 모든 것은 자신만의 고유한 진동수를 가지고 있다. 이 고유 진동수가 같은 것끼리 서로 끌어당기면서 반응이 일어나는 것을 '공명'이라고 한다. 공명의 힘은 실로 대단하여 우연히 고유 진동수가 맞을 경우 집이나 빌딩 같은 건축물이 허무하게 무너질 수도 있다. 실제 1831년 영국 캘버리 부대가 맨체스터 근교의 브로스틴교를 행진할 때 부대원들이 발을 맞춰 행진하는 박자와 다리의 고유 진동수가 일치해 붕괴된 기록이 있다. 이처럼 다리를 무너뜨릴 만큼 대단한 공명은 사람과 사람 사이에도 적용될 수 있다.

인간은 누구나 긍정과 부정, 기쁨과 슬픔의 감정을 모두 가지고 있다. 나는 성선설도 성악설도 절대적이라고 생각하지 않는다. 우리는 이 모든 가능성을 가진 존재이자, 내면의 힘과 외부의 환경에 따라 변화하는 존재이다. 긍정적인 에너지와 만나면 긍정 주파수가 증폭될 테고, 부정적인 에너지와 만나면 부정 주파수가 증폭될 것이다. 앞서 말했듯 오랫동안 내 안에 자리 잡은 다양한 감정 중 밝고 긍정적인 부분을 뜰채로 조심스레 떠올려 감사 일기를 썼다. 이는 나의 긍정 에너지를 활성화하는데 그치지 않고, 나를 넘어 타인에게 다다랐다. 그들이 보여주는 변화에 다시 감사했고, 그 마음은 더 큰 진동을 만들어 내어 또 다른 누군가에게 전해졌다. 이 에너지가 계속 퍼져나가 세계를, 지구를 정화할 수도 있다면 너무 거창한가? 그렇지 않다. 새롭게 떠오르는 영성가로 주목받고 있는 **에크하르트 톨레는 물었다. "당신은 세상을 오염시키고 있나요, 정화하고 있나요?" 나는 묻고 싶다. "당신은 타인의 잠재된 부정적 감정을 깨워 부채질하고 있나요, 긍정적 감정을 깨워 증폭시키고 있나요?"**

고대 그리스의 철학자인 아리스토텔레스는 인간은 사회적 동물이라고 하였다. 우리는 홀로 존재할 수 없다. 공동체 속에서 다른 사람과 영향을 주고받으며 자신의 존재를 확인하고 성장한다. 갓난아기는 부모님이 쓰는 언어와 보여주는 행동을 따라 하며 스스로 일어서고 발 딛는 법을 배운다. 이후로도 친구, 선생님, 동료 등 주위 여러 사람을 모방하며 나아간다. 지금의 우리는 지금까지 만나온 사람들에 의해 결정되었다 해도 과언이 아니다. 반대로 나 또한 주위에 많은 영향을 주는 존재이다. 공동체 안에서 나와 너, 우리 개개인이 가진 에너지가 공명 법칙에 따라 영향을 주고받으며 더 큰 에너지를 만들어낸다. 긍정적인 에너지나 부정적인 에너지 모두 마찬가지이다. 내게서 출발한 골칫거리가 어디까지 퍼져나갈지 모를 일이라 생각하니, 가능한 한 좋은 것을 주고 싶어졌다. **감사 일기를 쓰기 시작하면서 뜨겁게 끓어오르던 불평불만의 열기가 빠져나가기 시작했고, 편안한 기분을 느끼는 순간이 늘었다. 마음이 평온해지니 좋은 에너지 발산이 저절로 되었다. 이것만으로도 좋은 세상을 만들어가는 데 작은 보탬이 되지 않았을까?** 이러니 세상을 아름답게 만들 수 있는 감사 일기 쓰기를 멈출 수 없다.

다섯 번째
글쓰기

오랫동안 내 안에 자리 잡은 다양한 감정 중

밝고 긍정적인 부분을 뜰채로 조심스레 떠올려 감사 일기를 썼다.

이는 나의 긍정 에너지를 활성화하는데 그치지 않고,

나를 넘어 타인에게 다다랐다.

그들이 보여주는 변화에 다시 감사했고,

그 마음은 더 큰 진동을 만들어 내어 또 다른 누군가에게 전해졌다.

이 에너지가 계속 퍼져나가 세계를, 지구를 정화할 수도 있다면

너무 거창한가?

거짓 없이 쓸 수 있는 유일한 시간

올빼미족의 새벽기상 도전기

무라카미 하루키와 어니스트 헤밍웨이, 이 둘이 가지는 공통점은 무엇일까? 매일 새벽 정해진 시간에 글을 썼던 작가이다. 특히, 무라카미 하루키는 책 집필에 들어가면 일어나는 것뿐만 아니라, 글을 쓰고 잠자리에 드는 것도 매일 같은 시간이었다고 한다. 그럼 왜 이들은 꾸준히 정해진 시간에, 그것도 새벽에 글을 썼을까? 아마도 새벽은 한결같기 때문이지 않을까? 새벽은 외부 인자로 인한 변동이 가장 적은 시간이다. 그만큼 방해 요인도 적다. 예상치 못한 약속이나 SNS 알람에서도 자유롭다. 아이 뒷바라지로 바쁜 엄마라면 자기 자신을 위해 투자할 수 있는 거의 유일한 시간이다. 하루 중 자신이 가장 주도적으로 활동할 수 있는 시간이고, 무엇보다 매일 흔들림 없이 글을 쓸 수 있는 시간이다. 그렇기에 나 역시 바쁠수록 새벽 시간 확보가 절실했다.

선배 작가들이 새벽시간을 고수하는 데는 또 다른 이유도 있었다. 하루 중 우리 뇌가 가장 젊은 순간이 언제일까? 가장 왕성하게 활동하는 순간이 언제일까? 말할 것도 없이 새벽이다. 사용량이 증가할수록 누적되는 피로는 뇌 역시 피해 가기 어렵다. 깨어 있는 동안 다양한 일을 하기에 시간이 지남에 따라 에너지 손실이 발생한다. 사무실에서 정신없이 일하다 오후쯤 되면 사고 회로가 멈춘 듯 머리가 멍해질 때가 있었다. 몸이 지치면 휴식을 취하듯, 뇌 역시 '잠시 멈춤'이 필요하다. 잠을 자는 시간이 바로 뇌가 자신의 일을 잠시 멈추고 휴식을 취하는 시간이다. 예능 프로 〈알쓸신잡〉으로 일반 대중에게 보다 친숙해진 KAIST 정재승 교수는 《열두 발자국》에서 창의적인 아이디어는 평소 연결되지 않았던 뇌세포끼리 연결되어 새로운 시냅스가 생기고 신경 신호를 주고받을 때 튀어나온다고 말했다. 전두엽과 후두엽, 측두엽과 두정엽처럼 평소 데면데면하기로 유명했던 부분끼리 연결되어 사용될 때 창의력이 높아진다는 것이다. **밤 사이 충분한 휴식을 취하고 새롭게 맞이한 새벽, 그 고요한 시간에 뇌세포들끼리 왕성한 신호를 주고받으며 축제가 벌어진다. 이러니 수면이 곧 창조의 원천이라 할 만하고, 선배 작가들의 새벽 사랑도 이해가 된다.**

의지도 강하고, 이 의지를 조정할 수 있다고 굳게 믿어왔다. 사람에게 뇌전도 기계를 설치해 뇌에서 어떤 일이 벌어지는지 관찰한 신경생리학자 벤자민 리벳의 실험은 이런 내 생각을 정면 부정하였다. 그는 두뇌에 파동이 보인 후 3분의 1초가 지나 의지가 나타나고, 의지가 나타난 후 5분의 1초 후 실제 동작이 일어난다는 것을 실험으로 증명해냈다. 즉, 뭔가를 하겠다는 의지 전에 두뇌 활동이 이미 시작된 것이다. 충격적이었다. 의지와 무관하게 활성화된 뇌가 우리 몸 곳곳에 행동 명령을 내릴 수 있다는 사실을 받아들일 수밖에 없었다. 의지의 쓸모가 별 볼일 없다니, 의지보다 먼저 선수 친다는 무의식을 깨워볼 방법이 없을까 고민했다. 책《아티스트 웨이》를 다시 뒤적였다. 책에서 소개한 대로 매일 새벽 모닝페이지를 썼다. 의식이 깨어나기 전 나의 의지와 무관하게 글이 써지는 경험을 할 수 있었다. 이때 쓴 글은 무의식에서 시작된 인지 활동이었다. 그 새벽은 내 안의 창조성이 깨어난 시간이었다.

새벽 기상이 좋은 것은 알겠지만, 어둑어둑해지는 밤이 되어야 집중력이 높아진다는 사람도 많다. 나 역시 삼십 년 이상을 스스로 야행성이라 굳게 믿고 살아왔다. 어느 날 유럽, 미국, 아시아 3개 대륙에 있는 회사가 모두 참석하는 전화회의가 새벽 6시에 잡혔다. 회의 준비를 위해 새벽 5시 반까지 출근해야 했다. 이날 새벽이 주는 매력에 흠뻑 매료되었다. 교통체증 없이 사무실에 도착하니 직원들이 출근하지 않아 고요했다. 적막한 사무실에서 내 자리에만 불을 밝히고 업무를 시작하니 집중력이 대단했다. 쉴 틈 없이 울려대는 전화나 메신저 알람이 없으니 저절로 몰입이 되었다. 비슷한 분량이었지만, 평소보다 빠르게 마칠 수 있었다. 완성도는 오히려 높았다. 아침 30분이 낮 2시간의 효율과 맞먹는다는 연구 결과를 몸으로 증명해냈다. 나 자신이 야행성이라는 오래된 신념에는 작은 금이 생겼다.

올빼미족이라는 말이 있다. 영어로는 호모 나이트쿠스(homo nightcus)라고도 한다. 대한민국은 올빼미족이 살기 좋은 나라이다. 아무리 늦은 시간이어도 음식점이나 술집은 물론이고, 쇼핑몰, 영화관, 미용실 등 불가능한 것이 없다. 다른 나라에 비해 안전하기까지 해 우리나라의 나이트 라이프를 극찬하는 외국인이 많다. 올빼미족이 살기에 최적인 대한민국 환경을 맘껏 향유하며 줄곧 야행성으로 살아왔더라도, 자신이 타고난 올빼미족인지 후천적인 올빼미족인지 알아볼 필요가 있다. 올빼미족에 반대되는 아침형 인간을 종달새족이라고 한다. 흥미로운 점은 종달새족으로 태어났는데 저녁형으로 살고 있다면, 그렇지 않은 이들 대비 사망 확률이 10%나 높다고 한다. 이는 영국인 43만 명을 대상으로 진행된 실험 결과이다. 이 정도 수치라면 글쓰기가 아니어도 자신이 어떤 유형인지 살펴봐야 하지 않을까? 아침형 인간에 맞게 새벽을 맞이하고 있는지 자가 점검이 필요하다.

그동안 새벽이 선물하는 고요한 기쁨을 느껴보지 못했더라도 괜찮다. **내일이 없다면 시도해 볼 엄두조차 내지 못할 수도 있지만, 우리에게는 매일 새로 주어지는 하루라는 선물이 있다. 그러니 한 번쯤은 도전해 보아도 괜찮지 않을까? 타고난 올빼미족이 아닌 이상 점진적으로 변화를 시도한다면 누구라도 새벽 시간을 활용할 수 있다.** 올빼미족이라 굳게 믿고 살던 나 역시 이런 과정을 통해 천천히 새벽을 되찾았다. 매일 새벽 글을 쓰는 사람의 대열에 합류했다.

게으른 내가 해냈으니 누구라도 가능합니다

늘 의문이었다. '세상에서 가장 무거운 것은 눈꺼풀', 이 문장이 참으로 입증된 명제가 아니라 난센스 퀴즈 중 하나라니. 그만큼 새벽에 눈을 뜨는 게 쉽지 않았다. 날씨가 추워질수록 이불 밖 세상으로 나가는 데 더 큰 용기가 필요했다. 밤처럼 깜깜하고 추운 새벽, 왜 이리 눈을 빨리 뜬 걸까 자책하며 다시 질끈 감았던 순간도 많았다. 알람을 서로 다른 시간으로 한 5개쯤 맞춰두는 것은 기본이었다. 통근 버스를 탈 수 있는 마지막 알람에도 일어나지 못하면, 그때부터 일생일대의 고민이 시작되었다. 오늘 꼭 참석해야 하는 회의나 끝내야 하는 업무가 있는지 떠올리느라 머리가 빠르게 돌아갔다. 아프다는 핑계로 하루 월차를 내도 될지, 반차만 쓰고 오후에 출근할지, 지각을 하더라도 가능한 한 빨리 나가야 할지 심각하게 고민했다. 이불을 뒤집어쓰고 회사란 무엇이고 출근이란 무엇인지 질문을 던지며 철학적 사유에 빠졌던 그 몇

분은 영겁의 시간 같았다. 매일 알람시계와 사투를 벌이는 직장인 철학자였지만, 늦어도 7시에는 이불을 박차고 일어났다. 출근이라는 '의무'가 있었기 때문이다.

휴직자로 신분이 바뀌니 새벽에 눈을 떠야 할 이유가 없었다. '의무'도 '책임'도 없었기에 남편이 출근하고도 한참 후 느지막이 일어나 아침 겸 점심을 먹었다. 간단히 청소를 하고, 책을 읽고, 블로그 포스팅을 하고 나면 어느새 저녁 먹을 시간이었다. 아침, 아니 오전이 사라진 삶이 지속되니 허무하고 무기력했다. 해가 저물고 주위가 어둑어둑해질 무렵 어떻게 오늘 하루를 보냈는지 되짚어 보아도 떠오르는 일이 마땅치 않았다. 무료하고 무의미한 날이 계속 이어졌다. 문득 새벽 기상을 해볼까 싶었다. 몇 시에 일어나야 할지부터 막연했다. 새벽 7시, 6시, 5시, 인터넷 서점 검색창을 열어놓고 숫자를 낮춰가며 검색해 보았다. 《새벽 5시》, 《하버드 새벽 4시 반》, 《새벽 4시, 꿈이 현실이 되는 시간》 등 아침형 인간의 경험을 담은 책이 많았다. 새벽 기상의 부흥을 일으켰다고 평가받는 《미라클모닝》의 저자 할 엘로드 작가가 조언했던 새벽 6시 기상은 어쩐지 시시해 보였다. 새벽 5시는 되어야 새벽 기상이라고 쳐주나 싶었다. 기왕 마음먹었으니, 새벽 4시에는 일어나야 어디 가서 "새벽 기상 좀 합니다"라고 말할 수 있지 않을까 싶었다.

책임도 의무도 없는 내가 새로운 결심만으로 새벽 5시 기상을
해낼 수 있을지 의문이 들었다. 일본의 경제학자 오마에 겐이치
작가는 《난문쾌답》에서 새로운 결심을 하는 건 가장 무의미한 행
위라고 지적했다. 시간을 달리 쓰고, 사는 곳을 바꾸고, 새로운
사람을 사귀어야 인간이 바뀔 수 있다고 말했다. 이중 바로 실천
할 수 있고 큰 자극이 될 새로운 사람을 만나기 위해 새벽 기상 모
임을 찾았다. 그곳에는 이미 오랜 기간 실천하여 하루를 일찍 시
작하는 습관을 가진 이들이 많았다. 그들의 기상 시간은 경이로
웠다. 5시, 4시, 심지어 2~3시대에도 '굿모닝'이라며 인사를 보내
왔다. 새벽 2~3시라니? 늦게까지 회식이나 야근이 있는 날 잠자
리에 들던 시간이 그쯤인데. 누군가 하루를 끝내는 시간에 새로
운 하루를 맞이하는 이들이 있다니, 놀라웠다. 그 모임에서 늦게
일어나는 편이었던 나는 위축되었다. 한번은 경쟁심리가 발동하
여 무리하게 도전해 보았다. 결과가 어땠을까? 그야말로 암담했
다. 눈은 떴지만, 몸이 움직이지 않았고, 몸은 움직였지만, 두뇌
가 깨어나지 못했다. 온종일 몽롱한 상태가 이어져 무엇도 제대
로 할 수 없었다. 계속 이어지는 습관으로 만들지도 못했다. 새벽
에 일어나 생산적인 시간을 가지겠다는 본질을 놓치고, 기상 시

간 숫자에만 연연한 결과였다.

새벽 기상의 본질이 무엇인지 다시 생각해 보았다. 밀도 있는 시간을 보내며 주도적으로 하루를 시작하기 위해서였다. 다른 사람의 기상 시간과 비교를 멈추고, 내게 맞는 시간을 찾기로 마음먹었다. 기상 시간을 딱 10분만 당겨 보았다. 괜찮다 싶으면 또다시 10분을 당겼다. 적응 기간을 가지며 천천히 10분씩 당기다 보니, 어느새 새벽 5시에 눈을 떠 고요한 시간을 가지게 되었다. 사람마다 자신의 생체 리듬에 맞는 기상 시간을 찾으면 된다. 다만, 급작스럽지 않은 점진적인 시도가 필요하다. '그래 결심했어!'를 외치고 평소 7~8시에 겨우 눈을 뜨던 사람이 갑자기 새벽 4시 기상에 도전한다면 어떨까? 하루 이틀 정도야 어떻게든 눈을 뜰 수 있을지 모르지만, 계속 이어가는 습관으로 만들기는 어렵다. 동서 의학을 공부한 후 아침형 인간 신드롬을 일으켰던 사이쇼 히로시 작가는 기상 시간을 무리하게 지키려 하면 오히려 아침형 인간이 될 수 없다고 했다. 욕심내지 말고 30분씩 차근차근 앞당기라고 조언했다. 자정을 넘기고 새벽이 되어서야 눈을 붙이던 생활을 오래 해왔다면 경험상 30분도 많다. 한두 달 해보고 끝낼 게 아니라면, 일주일에 5~10분씩, 한 달에 최대 30분씩 정도여도 충분하다.

당연한 이야기이지만, 일찍 일어나기 위해서는 일찍 자야 한다. 휴직 기간 동안 다양하게 시도해 본 결과 나는 6시간 정도 자면 깨어있는 동안 잠이 부족하다는 느낌이 없었다. 내게 맞는 적정 수면시간, 6시간을 유지하기 위해 기상 시간을 앞당기는 만큼 취침 시간도 조정했다. 산부인과 진료를 다녀왔거나 피로가 느껴지는 날은 좀 더 일찍 잠자리에 들었다. 새벽 기상을 위해서는 잠드는 시간만이 아니라 시간을 쓰는 방법과 환경도 달라져야 한다. 잠들기 30분 전부터 방을 어둡게 해 멜라토닌 분비를 촉진해 주면 좋다. 암막 커튼이나 안대 등을 이용해 빛을 차단해 주면 더 좋다. 어두운 방에서 스마트폰을 계속하는 것은 수면의 질을 떨어뜨리는 지름길이다. 다음날 새벽 기상은 당연하고 새벽 활동에도 좋지 않은 영향을 준다.

새벽 기상을 도울 몇 가지 장치가 더 있다. 첫 번째는, 언제, 어디서, 어떻게 실행할지 그 과정을 구체적으로 그려보는 것이다. 실패와 성공을 반복하면서 실천할 행동을 생생하게 그릴수록 실행력이 높아진다는 것을 몸소 체험했다. 눈 뜨자마자 부엌에 가서 물 한 잔 마시기, 화장실로 직행해 세수하기, 거실에 요가 매트 깔기, 책상에 앉아 노트북 켜기 등 내게 맞는 행동을 구체적으로 미리 정해두었을 때 새벽 기상도 새벽 활동도 모두 좀 더 수월했다. 두 번째는 실패했을 경우 어떻게 할지 해결책이나 대안까지 미리 상상해두는 것이다. '만일 첫 번째 알람에 눈을 뜨지 못한다면, 두 번째 알람에 눈을 번쩍 떠야지!', '만일 계속 비몽사몽하다면, 찬물로 세수를 하고 거울 속 나를 바라보며 할 수 있다고 다짐해야지!' 구체적인 다음 행동을 미리 새겨두니, 첫 번째 알람을 놓쳐도 다음 도전이 기다리고 있어 포기하지 않게 되었다. 마지막은 어떤 행동이든 숫자를 거꾸로 세며 5초 이내에 실행하는 것이다. 동기부여 전문가 멜 로빈스가 주장한 이 5초 카운트다운은 생각보다 강력했다. 머뭇거릴 틈을 주지 않으니 행동력과 추진력이 상승했다. 의식이 깨어나지 않아 비몽사몽 한 새벽에 더 그랬다. 이런 장치 덕분에 새벽 기상을 해볼 만하다 느끼고 계속 도전할 수 있었다. **지금도 알람의 도움이 필요한 내가 그런대로 새벽 기상을 이어갈 수 있었던 건 나의 의지를 믿기보단 환경과 상황을 바꾸고 실천을 도울 장치를 마련한 덕분이었을지도. 게으른 내가 이만큼 해냈으니 누구라도 가능할 것이다.**

새벽 기상을 지속시키는 내적 동기와 외적 동기

친구 A는 한동안 계단을 이용해 11층까지 오르내려야 했다. 아파트 엘리베이터 공사가 시작되었기 때문이다. 처음에는 몇 번을 쉬어야 겨우 11층 고지가 눈에 보였다. 하루하루 지날수록 멈춰 서는 횟수가 줄고 집에 도착하는 시간이 빨라졌다. 공사가 끝나도 운동 삼아 계단을 이용해 볼까 하는 생각이 들 때쯤 아쉽게도(?) 엘리베이터 교체가 끝났다. 이후 그는 계속 계단을 이용했을까? 결심이 무색하게 즉시 엘리베이터 버튼에 저절로 손이 갔단다. 익숙해지고, 습관이 되었고, 효용 가치를 느끼게 되어도 한순간에 편한 선택지로 몸과 마음을 돌리는 것이 사람이다. 의지라는 녀석이 생각보다 더 심하게 형편없다 보니, 자신과의 싸움은 지라고 있는 게임인 듯 승률이 좋은 사람을 찾기가 어렵다. 새벽 기상은 결코 편한 선택지가 아니다. 본능을 이기고 불편을 감내해야 하니 어려울 수밖에. 충분히 익숙해진 후에도 마찬가지이다. 의지로 시작할 수는 있겠지만, 지속하기는 어렵다. 어떻게 해야 할까? 내적 동기와 외적 동기가 필요하다.

먼저 내적 동기는 우리가 불편을 감수하고 새벽에 일어난 진짜 이유, 즉 내 삶의 꿈과 목표이다. 누군가는 '나는 아직 꿈이 뭔지, 내 삶의 목적이 뭔지 모르겠는데, 그럼 이대로 계속 살아야 하나?'라며 의문을 가질 수도 있다. 역설적으로 그런 사람에게 새벽 시간이 더 중요하다. 그들에게 새벽은 발전할 기회를 만들고 꿈과 목표에 대해 생각해 볼 수 있는 시간이 될 것이다. 새벽 기상 후 책을 읽거나 어학이나 자격증 공부에 시간을 투자한다면, 어제보다 성장한 오늘, 오늘보다 발전한 내일을 만들어갈 수 있다. 명상을 통해 삶의 우선순위를 점검하고 진짜 나 자신을 발견할 수도 있다. 자신에게 필요하고 생산적인 일에 우선순위를 부여하고 매일 반복하여 루틴으로 만드는 것이 중요하다. 습관이 된 루틴이 있다면, 무의식이 의식으로 전환되기 전 몸을 움직일 수 있다. 습관처럼 눈을 떠 떠오르는 태양의 기운을 받으며 책을 펴고, 요가 매트를 깔고, 또 외국어 공부를 할 수 있다.

새로운 좋은 습관을 기르겠다고 결심했을 때 꼭 기억해야 할 것이 있다. 바로 '무엇을 위해서인지'이다. 20대 시절 가수 박진영에게는 20억을 버는 게 인생 최대 목표였다. 그는 '20억을 벌면 하고 싶은 거 하면서 자유롭게 살겠지'라고 생각했다. 얼마 안 가 이 목표를 이루었다. 이제 무엇을 위해 살아가야 할지 고민하던 그는 미국 진출이라는 새로운 목표를 세웠다. 이 또한 얼마 지나지 않아 달성하였다. 그는 허무함을 느꼈다. '원하던 것을 모두 이루었는데 왜 나는 허무할까?' 고민 끝에 이뤄지면 허무하고 이뤄지지 않으면 슬픈 'I want to be~. 무엇이 되고 싶다'는 제대로 된 꿈이 아니라는 것을 깨달았다. 그는 'I want to live for~. 무엇을 위해 살고 싶다' 이 문장의 빈칸에 들어갈 단어를 찾아야 한다고 말했다. 내 삶을 바칠 만한 것, 그게 진짜 꿈이라고 말했다.

2회차 인생을 사는 이는 없다. 윤회론을 믿는 독실한 불교 신자라 해도 인생은 모두 생방이다. 마흔이 되면 처음 경험하는 마흔이고, 오십이 되면 역시 처음 겪어보는 오십이다. 육십, 칠십, 여든이 되어도 마찬가지이다. 매 순간이 처음이다. 팔십이 되어가는 외할머니는 본인 몸 여기저기가 삐걱거리는 것을 많이 낯설어하신다. 당연하다. 그녀는 팔십 임박 할머니 역할을 난생처음 맡았기 때문이다. 자신의 몸이 마음대로 움직여지지 않는 경험은 그녀에게 처음 있는 일이다. 날마다 처음인 삶을 어떻게 해야 잘 살 수 있을까? 만약 우리가 낯선 정글 탐험을 떠나게 되었다면 무엇을 챙겨야 할까? 나라면 지도와 나침반을 최우선으로 챙기겠다. 인생 탐험도 정글 탐험과 다르지 않다. **명확한 꿈과 목표는 현재 내가 발 디디고 선 곳과 나아가야 할 방향을 함께 알려주는 지도와 나침반이다. 우리가 기어코 눈을 떠 조금 일찍 하루를 시작하려는 것이 무엇을 위해서인지 분명하다면 내일도 모레도 새벽을 맞이하는 게 두렵지 않을 것이다.** 이것이 새벽 기상을 지속시켜 줄 강력한 내적 동기가 된다.

〈내꿈소생〉이라는 작은 온라인 커뮤니티를 운영 중이다. 이곳에 새벽 기상이라는 같은 목표를 가지고 모인 이들은 서로에게 강력한 자극과 동력이 되었다. 그 힘으로 어렵다는 작심삼일의 벽을 넘어 새벽 기상을 자신만의 습관으로 만들어 갔다. 매일 이른 새벽어둠이 물러나기도 전에 알람 소리에 눈을 떠 출근하는 내가 그래도 꽤 부지런한 직장인이라고 뿌듯해했었다. 온라인으로 다양한 사람들과 교류하게 되면서 그동안 얼마나 우물 안 개구리였는지 비로소 깨달았다. **출근을 위해 마지못해 눈을 뜨던 나와 달리, 많은 이들이 새벽의 소중함과 생명력을 간파하고 능동적인 새벽 기상을 실천하고 있었다. 방법을 알고 있고, 성공 경험을 쌓아온 이의 도움을 외면할 이유가 있을까? 끌어주고 밀어주는 누군가의 끊임없는 응원과 자극은 새벽 기상을 이어갈 든든한 외적 동기가 된다.**

"굿모닝이에요", "좋은 아침입니다", "즐거운 하루 보내세요."
단톡방에서는 이른 새벽부터 새로운 하루를 알리는 메시지가 쏟아졌다. 알람이 울리는 시간에 눈을 뜨는 것은 어렵지 않으나, 이불 밖으로 나오기가 쉽지 않은 계절을 그들과 함께 지나왔다. 함께 하는 동료가 있기에 따뜻한 이불 아래 좀 더 머무르고 싶다는 욕망을 조금 더 수월하게 이겨낼 수 있었다. 새벽 기도를 다녀오고, 등산과 걷기 등 새벽 운동을 하고, 명상하고, 책을 읽고, 글을 쓰고, 어학 공부를 하는 사람들. 내가 잠들어 있는 사이 우리 주위에는 더 나은 자신을 창조하기 위해 새벽 시간을 보내는 사람들이 생각보다 많았다. 그들이 전하는 생명력 넘치는 자극을 받아 내 몸과 마음이 편안하게 받아들일 수 있는 시간에 맞춰 눈을 떴다. "굿모닝~ 꿈모닝~ 또다시 내게 온 새로운 하루 감사합니다." 단체 채팅방에 인사를 건네며 새벽 기상을 인증하고, 나만의 새벽 루틴을 시작했다. 함께하였기에 작심삼일을 넘지 못하고 원점으로 돌아왔던 경험과 이별하고, 오랫동안 새벽 기상을 이어갈 수 있었다.

저녁 6시가 아니라 새벽 6시요?

새벽 기상 구력이 반년 이상 붙었을 무렵부터, 몇 가지 행동을 조합하여 루틴을 실천했다. 다음은 내가 꾸준히 실천했던 모닝 루틴이다.

1) 새벽에 눈을 떠 노트북 전원을 켠다.
2) 워드 파일이 열리는 동안 긍정 확언을 외친다.
3) 양치와 세수를 하고 유산균을 챙겨 먹는다.
4) 뜨거운 물과 찬물을 적당히 섞은 음양탕 한 잔을 마신다.
5) 내 마음이 보내는 소리를 한 페이지 가득 담아낸다.
6) 요가 또는 스트레칭을 30분가량 한다.
7) 아침을 먹으면서 읽고 싶은 책을 읽는다.

복직 후 새벽 루틴을 조금 간소화하였다. 휴직 때만큼 넉넉한 새벽 시간 확보가 어려웠기 때문이다. 일주일 중 3일은 독서와 요가, 또 다른 3일은 글쓰기와 스트레칭, 나머지 하루는 휴식을 배치했다. 한동안은 책 쓰기로 새벽 시간을 보냈다. 2019년부터 본격적으로 실천해온 새벽 기상을 돌아보니 시간과 순서에 차이가 있긴 했지만, 빠지지 않는 실천이 있었다. 독서와 글쓰기 이 두 가지는 언제나 새벽 루틴에 포함되어 있었다. 이것이 내게는 삶을 발전시키고, 기회를 만들고, 꿈을 이루기 위해 필요한 생산적인 일이었기 때문이다. **새벽은 꿈에 가까워지는 시간이었다. 쓰는 이의 삶을 새벽을 통해 꿈꿨고, 새벽을 통해 이뤘다. 알람 없이 새벽을 맞이할 용기는 아직 부족하지만, 그래도 새벽을 포기하지 못하는 이유이다.**

새벽 시간을 활용해 읽고 쓰는 프로젝트에 참여하기도 했다. 3일에 한 권씩 총 33권의 책을 읽으면서 매일 서평을 쓰는 '333 독한 독서 100일 프로젝트'였다. 긴 시간 마늘과 쑥을 먹으며 인내한 끝에 사람이 되었다는 곰처럼, 쉽지 않은 도전을 묵묵히 이어갔다. 매일 아침 나를 깨우는 문장을 만났다. 내 안에서 떠오르는 것을 글로 옮겼다. 출근 전까지 독서와 글쓰기를 모두 끝내겠다 다짐했지만 현실은 녹록하지 않았다. 어떤 날은 책을 읽는 것에 푹 빠져서, 어떤 날은 글이 도통 써지지 않아서, 또 어떤 날은 시간이 빠듯해서 글쓰기를 마치지 못하고 출근했다. 하루 전에 책을 미리 읽어두고 새벽에는 글만 쓸까, 책에서 한두 문장만 뽑아 간단히 리뷰를 남길까, 이런저런 요령은 궁리에 그쳤다. 결국 우직하게 3일에 한 권씩 읽어내며 글을 썼고 100일 동안 33권의 책에 대한 99편의 서평이 남았다. 100일째 되던 날 지난 99일을 돌아보며 소회를 정리하고 프로젝트의 마지막 점을 찍었다. 사람들은 100일이 무엇이든 할 수 있는 시간이라고 말한다. 그 대단한 시간을 보냈다고 굉장히 성장했다거나 또 다른 레벨로 올라섰다거나 하는 느낌은 솔직히 없었다. 그렇지만 분명 내 안의 어딘가 지난 100일 동안 읽은 책과 쓴 글이 남았다. 독서와 쓰기 근력이 보기 좋게 자리 잡았다. 완독의 덫에서 벗어나지 못하는 요령 부족한 내 모습을 발견하기도 했다. 무엇보다 포기하지 않고 해냈다는 뿌듯함이 온몸을 휘감았다.

독서 모임도 새벽 시간을 활용했다. 평일 저녁이나 주말 오후여도 될 것을 왜 굳이 새벽이냐고 의아하게 생각할 수도 있다. 그러나 새벽이기 때문에 꾸준히 이어졌다. 새벽은 일상에 구애받지 않고, 대체로 보장 가능하며, 꽤 생산적인 나만의 시간이기 때문이다. 당연히 어려움도 있었다. 적당한 장소를 확보하는 것부터 쉽지 않았다. 가끔은 꾀가 나기도 했다. 봄에 시작한 모임이 여름과 가을을 지나 겨울에 이르니 캄캄한 새벽을 뚫고 나가는 데 저

항이 점점 거세졌다. 겨울 시즌만이라도 모임 시간을 1시간 늦추
자고 제안할까 고민하기도 했다. 이런 내적 저항을 이기고 참석
한 독서 모임이 끝나면 언제 그런 고민을 했었냐는 듯 개운했다.
깜깜했던 어둠이 걷히고 어느새 환해진 하늘만큼 내 마음도 밝아
졌다. 나만 느끼는 감정이 아니었다. 모임 멤버 중 한 명은 토요
일 새벽 6시 독서 모임에 참여하는 우리가 투쟁의 철학자이자, 배
부른 소크라테스라고 하였다. 서로 챙겨온 주전부리로 배를 채우
고, 서로의 경험으로 머리와 가슴을 채웠으니 배부른 소크라테스
쪽이 더 맞을지도.

　주말 새벽 6시에 진행하는 저자 특강을 기획하기도 했다. 온라
인으로 진행되기에 장소 섭외 고민은 없었지만, 작가 섭외부터
참가자 모집까지 난항의 연속이었다. "저녁 6시가 아니라, 새벽
6시요?"라는 질문을 매번 받았다. 호기롭게 신청했지만, 북토크
당일 일어나지 못하는 사람이 꼭 있었다. 친절한 시간이 아니라
는 것을 부정하지 못한다. 평일 내내 새벽 출근을 하는 나인데 주
말에 늦잠도 자고 게으름도 피우고 싶은 마음이 과연 없었을까?
가끔은 내가 왜 사서 고생을 하나 싶을 때도 있었다. 북토크 시
작은 6시이지만, 호스트로써 이런저런 준비를 위해 그보다 한참
전에 일어나야 하니 실로 부담되는 일이 분명했다. 그런데도 새

벽을 고수했다. 아이를 키우는 3~40대 부모들이 회사나 육아에서 벗어나 자신을 위해 몰입할 수 있는 유일한 시간이었기 때문이다. **인간의 기본 욕구 중 하나인 수면 욕구를 거스르며 접속한 참가자들이 보내는 에너지는 광장했다. 이들이 웃고 우는 모습을 보는 게 저자의 강의만큼이나 큰 힘이 되었다. 한 달에 한 번 토요일 새벽 2~3시간은 인생 전체에서 정말 작은 부분이겠지만, 우리 모두는 잠시 멈추어 마음을 위로받고 용기를 얻었다.**

모차르트나 베토벤과 같은 음악가, 무라카미 하루키나 헤밍웨이 같은 문필가, 애플의 최고 경영자 팀 쿡이나 트위터를 창업한 잭 도시와 같은 글로벌 CEO 등 새벽의 이점을 활용한 사람을 꼽자면 한도 끝도 없다. 이런 선례를 따라도 좋겠지만, 자신에게 필요하고 맞는 방식을 찾는 편이 더 좋다. 얼마나 소중한 새벽인데, 내가 간절히 바라는 꿈이 아니라 남들이 성취한 그럴싸한 모습을 위해 필요한 루틴을 따라 해서 쓰겠나? 당연한 말이지만, 다른 사람에게 좋다는 약이 내게도 효과가 있다는 보장은 없다.

아무것도 할 수 없는 사람, 무엇이든 할 수 있는 사람

김빠지는 소리 같겠지만, 아침에 일찍 일어난다고 누구나 성공하는 것은 아니다. 6시를 두 번 만나는 사람이 세상을 지배한다고 말했던 김승호 회장은 40세에 253만 원으로 사업을 시작해 17년 만에 5,000억 원대 부자가 된 외식업 CEO이다. 새벽 4시 반에 일어나는 자신의 일상을 유튜브로 꾸준히 공개해온 김유진 변호사는 새벽 기상을 통해 미국 2개 주에서 변호사 자격증을 취득했고, 대기업 사내 변호사라는 본업에 유튜버 활동도 병행 중이다. 새벽 기상을 통해 큰 성과를 이룬 저들처럼 나 역시 성공담을 전할 수 있다면 좋겠지만, 냉정하게도 현실은 그렇지 못할 가능성이 더 크다. 나만 해도 출근을 위한 수동적 실천이 아닌 능동적 새벽 기상을 2년 넘게 이어오고 있지만, 뛰어난 재능을 발휘할 분야를 찾지도, 대단한 영향력이 있는 인플루언서가 되지도, 엄청난 부를 축적하지도 못했다.

새벽 시간을 활용해 얻은 게 과연 아무것도 없었을까? 중세 유럽에서 종신 기사 계급이라는 출신의 열세를 딛고 문학적으로 자신의 신분을 고양시켰던 볼프람 폰 에셴바흐는 시간을 지배할 줄 아는 사람이 인생을 지배할 줄 아는 사람이라고 하였다. 줄곧 생각했다. 내 인생의 방향 키를 타인에게 양도하고 싶지 않다고. 비록 **사람의 힘으로 좌지우지할 수 없는 난임이라는 고통으로 힘든 시간을 보냈지만, 내 삶의 주인은 계속 나이기를 바랐다. 새벽 기상이 나를 내 삶의 주인으로 살게 해주었다. 나 자신과 내 삶을 더 사랑하게 되었다. 그 어떤 금은보화나 권력보다 대단한 성취이고 성공이었다.** 글도 매일 쓸 수 있었다. 회사에 다니면서도 새벽 시간을 활용하니 어느덧 책 한 권은 거뜬히 나올 분량의 글을 썼다. 지금 우리가 저자와 독자로 만나게 된 이 글도 새벽 시간 덕분이다. 이 책이 인기가 있건 없건 책을 썼다는 경험만큼은 내게 남는다. 단 한 명이라도 내가 쓴 글을 통해 좋은 에너지를 얻는 이가 있다면, 그로써 나의 새벽 기상은 성공적이었노라 말할 수 있지 않을까?

　난임 휴직 기간 동안 평균 두 달에 한 번씩 시험관 시술을 받았다. 과배란 유도를 위해 배에 직접 주삿바늘을 찌르는 거북한 경험도, 난자 채취를 위한 수면마취도 모두 견딜 만했고 시간이 지날수록 조금씩 익숙해졌다. 끝끝내 익숙해지지 않았던 건 배아를 내 몸에 이식한 후 착상이 되기를 기다리는 시간, 임신 여부 확인을 위해 피검사를 받은 후 검사 결과가 나오기까지 기다리는 시간이었다. 연구실에서 건강하게 자란 배아를 이식한 후 대략 10일 뒤에 1차 피검사를 받았다. 그 10일 동안 별거 아닌 신호에도 임신인가 의심하는 증상 놀이가 매일매일 이어졌다. 기대하고 포기하기를 수없이 반복하며 10일을 버텨 피검사를 받았다. 기다림은 끝나지 않았다. 검사 결과가 나오기까지 또 반나절, 시간은 멈춘 듯 더디게 느껴졌다. 계속되는 기다림 끝에 받아든 결과가 임신이 예상될 만큼 높은 점수가 아닐 때의 절망감은 말로 설명할 수 없을 정도였다. 시련의 계곡에 떨어진 듯 마음이 고통스러웠다. 그 순간만큼은 세상에서 가장 가엽고 불행한 사람은 나 자신이 분명하다고 확신했다.

남편이 즐겨보던 〈진짜 농구, 핸섬 타이거즈〉라는 예능 프로는 농구에 소질이 있는 연예인들이 팀을 이뤄 실제 아마추어 대회에 도전하는 이야기였다. 농구 선수 출신 연예인인 서장훈이 이들의 지도를 맡았다. 그는 거듭된 연패에 사기가 떨어진 선수들을 모아 "지는 게 습관이 되면 안 된다. 오늘은 이기는 게임을 해보자"라고 말했다. 반복된 실패 경험은 충분히 극복할 수 있는 상황에서조차 불가능할 것이라 지레짐작하고 포기하게 만들기도 한다.

학습된 무기력 때문이다. 2개월 주기로 반복되던 실패는 나를 무기력하게 하였고, 이 무기력은 자존감을 바닥으로 끌어내렸다. **지는 게 습관이 되던 그때, 기대도 희망도 없던 그때, 새벽을 맞이했다. 루틴에 따라 몸을 움직였다. 해야 할 것들을 해내고 작은 성취감을 느끼기를 반복하니 멈췄던 바퀴가 서서히 움직였다. 어긋났던 삶이 느리게 자기 자리를 찾아갔다.** 임신과 출산은 개인이 가진 능력이나 노력의 가치를 모두 말소시켰다. 외부의 고통 인자는 변함없이 나를 공격하고 흔들었지만, 내게 주어진 새벽만큼은 나 자신이 주인이 될 수 있었다. 나만의 루틴에 따라 보내고 난 하루는 그렇지 않았던 날과 분명히 달랐다. 하루를 마무리하는 시점에서 '그럼에도 불구하고 오늘 하루 잘 살았다'라며 뿌듯함을 느낄 수 있었다. 실패와 무기력의 매너리즘에서 벗어날 수 있었다.

자신감과 자기 효능감은 성공과 실패 모두를 강화하는 힘을 가졌다. 성공한 사람은 더 성공하도록, 실패한 사람은 더 실패하도록 만들기도 한다. 그렇기에 첫 번째 경험이 중요하다. 이 한 번의 성공 경험이 발판이 되어 성공 습관을 기를 수 있다. 내 인생은 성공과 거리가 멀고, 그런 경험을 하기도 어렵다고 생각되겠지만, 그렇지 않다. 적어도 매일 마음먹은 시간에 눈을 떠 새로운 하루를 맞이하는 데 성공할 수 있다. 남녀노소 누구나 할 수 있는 이 행동이 그날 우리가 맞이하는 첫 번째 성공이 된다. 과업을 달성하고 느끼게 되는 자부심과 성취감은 자존감 상승으로 이어져 또 다른 일을 해낼 수 있는 용기로 발전하게 된다. 새벽에 눈을 떠 침대 정리까지 마쳤다면 벌써 두 가지 성공을 이룬 셈이다. 침대를 정리하고 나면, 어지러웠던 마음도 함께 정리되는 느낌이었다. 덕분에 새롭게 시작하는 하루를 좀 더 질서 있게 시작할 수 있었다. 하루를 마치고 돌아왔을 때에도 깔끔하게 정리된 이불을 보면 내가 온전히 쉬어갈 수 있는 공간이 있다는 안도가 되었다.

시작할 엄두조차 나지 않는 일일수록 작은 결심과 소소한 성공이 필요했다. 매일 같은 시간에 일어나기, 잠자리 정리하기, 물 한 잔 마시기와 같은 행동을 통해 느끼는 작은 성취감이 하루를 성공자 마인드로 살게 하였다. 이는 독서, 글쓰기, 어학 공부, 운동 등 시작이 두려운 모든 분야에 적용이 가능했다. 흔히 '실패는 성공의 어머니'라고 말한다. 반면, 영국에는 '성공이 성공을 번식한다'라는 속담이 있다. 둘 다 일리 있는 말이지만, 후자에 더 끌렸다. 새벽 기상은 새롭게 맞이한 오늘 내가 경험하는 첫 번째 성공이었다. 매일 새벽, 성공 기록을 경신하며 자신감과 자기 효능감도 올라갔다. 아무것도 할 수 없는 사람에서 무엇이든 할 수 있는 사람이 되었다. 다음 성공 경험이 이어지는 것은 어쩌면 자연스러운 수순일지도.

여섯 번째
글쓰기

임신과 출산은 개인이 가진 능력이나 노력의 가치를 모두 말소시켰다.

외부의 고통 인자는 변함없이 나를 공격하고 흔들었지만,

내게 주어진 새벽만큼은 나 자신이 주인이 될 수 있었다.

나만의 루틴에 따라 보내고 난 하루는 그렇지 않았던 날과

분명히 달랐다. 하루를 마무리하는 시점에서

'그럼에도 불구하고 오늘 하루 잘 살았다'라며 뿌듯함을 느낄 수 있었다.

ROUTINE

규칙적인 일상 속에 숨겨진 힘

읽고 쓰기를 멈추지 않는 이유

아흔이 다 되어가시는 외할아버지는 50년 가까이 공인중개사 일을 해오다, 몇 해 전 지역 재개발로 어쩔 수 없이 부동산을 '퇴직' 하셨다. 귀가 어두워지신 이후에도 보청기를 사용해가며 그 자리를 묵묵히 지키셨고, 오랜 세월 '안성사 할아버지'로 불리며 소통의 중심에 계셨다. 부부 사이나 이웃 간에 언쟁을 벌이다 외할아버지를 찾아와 화해하고 돌아가는 이들이 수두룩했다. 화를 가슴에 가득 채운 채 문지방을 넘은 그들은 공적이며 한편으로 사적인 '안성사'에서 말씀이 없는 편이셨던 외할아버지께 집에서는 하지 못했던 이야기를 털어놓았다. 그러다 저절로 화해를 하고는 말개진 얼굴로 감사 인사를 드리고 돌아갔다.

동생과 내 친구들 사이에서 '안성사 할아버지'는 한여름 더위를 식혀줄 시원한 아이스크림을 사 먹을 수 있게 용돈을 주는 분이셨다. 친구들은 놀이터에서 신나게 놀다가도 목이 마르면 안성사에 가자며 우리 남매를 부추겼다. 그러면 못 이기는 척 친구들을 꼬리에 주렁주렁 단 채 뛰어가 "할아버지, 500원만 주시면 안 돼요?"라고 할딱이는 숨 사이에 속뜻을 건넸다. 숨바꼭질 놀이를 할 때면 부동산 안에 딸린 작은방에 숨어들기도 했다. 친구들이 끝내 나를 찾지 못하고 어두워지면 시시해져 입술을 뾰로통하게 내민 채 외할아버지와 함께 퇴근했다. 외할머니께서 해주신 손맛 가득한 저녁을 먹고 집으로 돌아갈 때면 외할아버지께서는 다시 뒷짐을 지시고 나를 집까지 바래다주셨다. 1930년대 서울 변두리에 위치한 한 복덕방을 배경으로 하는 소설 《복덕방》에 등장하는 세 노인을 이태준 작가는 희망도 꿈도 없는 퇴역 인생으로 묘사했다. 소설에 등장하는 세 노인과 달리 '안성사 할아버지'는 언제나 중심이 단단한 현역으로 이웃의 존경을 받으셨다.

동네 소통의 중심인 마을 어르신, 용돈 잘 주시고 늘 집까지 바래다주시던 손자 손녀 바보 할아버지 말고 외할아버지의 진짜 역할은 서류를 읽고, 집을 소개하고, 계약서를 쓰는 부동산 업무였다. 이 본캐 역할을 해내기 위해 매일 동네 이곳저곳을 누비셨다. 무언가가 습관이 되면 그것이 일상의 한 부분이 되기도 한다. 집을 소개하기 위해 매일 걸으신 덕분에, 걷기는 습관을 넘어 외할아버지의 일상이 되었다. 이제 '안성사 부동산'은 없지만, '안성사 할아버지'는 새로 터를 잡으신 동네에서도 매일 걷고 계신다. 한 손에는 약수를 담기 위한 물통을 드신 채.

1년이라는 짧은 휴직에 불과했지만, 직함이 사라지니 그간 쌓아 온 시간이 부정당하고 무의미해진 느낌을 받았다. 은퇴 후 이름 뒤에 붙는 타이틀이 사라지면, 자신의 존재가 사라진 듯한 상실 감에 우울증 증상을 호소하는 이들이 많다고 한다. 외할아버지도 부동산을 정리하신 후 비슷한 공허함을 느끼셨으리라 생각한다. **부정적인 생각은 꼬리의 꼬리를 물다 결국 그 안에 자신을 가둬버리기 도 한다. 이때 한 발을 떼면 다른 발이 따라오고, 한 걸음을 걸으면 다 음 걸음도 걷게 된다. 몸을 움직이면 마음도 따라간다. 외할아버지는 공허한 감정에 자신을 붙잡아 매어두지 않고 몸을 움직여 걸으셨다.** 일상이 된 걷기 습관으로 자신을 스스로 만든 감옥 따위에 머물게 하지 않으셨다. 몸이나 마음 상태, 상황 무엇에도 관계없이 늘 한 결같으셨다.

게으르고 이기적이고 편한 것을 추구하는 건 인간이 가진 본성 이다. 본성은 타고 태어나는 것이라 그 힘이 강하다. 나쁜 습관은 애써 노력하지 않아도 어느새 일상 깊숙이 자리를 잡았다. 생명력 강한 민들레처럼 한순간에 나를 잠식했다. 반대로 좋은 습관은 본성을 이겨낼 의지, 인내, 사회적 강화의 삼단 콤보가 있어야 일상의 끄트머리에 겨우 발을 들였다. 쉽지 않은 일이지만, 좋은 습관 기르기를 외면할 수 없었다. 우리의 삶은 갑작스러운 중대한 결정보다, 생각 없이 반복적으로 하는 사소한 행동에 더 큰 영향을 받기 때문이다.

복덕방 주인으로 불리던 시절부터 얼마 전까지 무려 50년 동안 걸으신 할아버지는 더 이상 출근하지 않아도 되는 지금도 걷고 계신다. 무엇이든 이 정도가 되면 그 행동을 하는 데 힘이 많이 들지 않는다. 동기부여가나 행동 심리학자들은 좋은 습관을 세우기 위해 우선 나쁜 습관을 버리고, 목표가 있는 좋은 습관을 계획해, 작게 시작하라고 말한다. 모두 맞는 말이다. 그러나 직접 경험해 보니, **가장 중요한 것은 '계속하기'였다. 계속하다 보니 생각하지 않고도 몸이 저절로 움직이는 수준이 되었다. 이쯤 되니 어떤 행동이 습관이 되었다 할 만했다. 애쓰지 않아도 이룰 수 있었다. 끈질기게 계속 이어간 끝에 얻는 달콤한 열매였다.**

우리는 새해가 되면 새로운 다짐을 한다. "지금 내 모습은 지긋지긋해. 더는 이렇게 살고 싶지 않아. 큰 꿈을 꾸고 멋진 삶을 살아갈 거야." 하지만, 대다수가 매일 불평만 늘어놓고 행동하지 않는 하루를 보낸다. 동기부여와 마케팅 분야에서 세계 최고의 트레이너로 손꼽히는 브렌든 버처드 작가는 《두려움이 인생을 결정하게 하지 마라》에서 우리의 인생이 어떤 전설이 되느냐는 오래도록 계속 걸어가는 능력, 계속 의지의 불길을 유지하는 능력에 달려 있다고 말했다. 꿈은 늘 같은 자리에 걸려만 있는 보기 좋은 명화가 아니다. 유명한 자기 계발서마다 강조하듯 매일 100번씩 꿈을 쓰기만 하면 내 인생에 특별한 변화가 생길까? 쓰는 것만으로는 부족하다. 꿈을 이루기 위한 행동이 이어져야 한다. 행동이 있어야 변화가 시작된다. 그 행동을 오래도록 지속해야 꿈을 이루고 전설이 될 수 있다. 읽고 쓰기를 멈추지 않고 계속하는 나는 이 길 끝에 과연 무엇을 얻게 될까?

아무리 흔들리더라도 방향 키를 꼭 움켜쥐고 '내꿈소생'

굴곡 없는 평탄한 삶이었다. 끔찍하게 딸을 아끼는 부모님의 사랑을 받고 자랐다. 마음이 맞는 친구들과 즐거운 학창 시절을 보냈다. 부모님이 뿌듯해하시는 기업에 입사했다. 재미있게 일하며 성과를 인정받았다. 그리고 자상하고 다정한 남자를 만났다. 이런 내 인생에 처음으로 큰 파도가 일었다. 노력하고 애쓴다고 헤쳐나갈 수 있는 파도가 아니었다. 주위를 둘러보니 나처럼 자신이 가진 문제가 아닌, 외부의 거친 파도로 흔들리는 이가 많았다. 코로나도 그중 하나였다. 무너진 일상을 넘어 생계의 위협을 받는 이도 있었다. 내가 원하든 원하지 않든 살면서 우리는 다양한 흔들림의 상황에 놓이게 된다. 키를 넘기는 큰 파도 앞에 애처롭게 펄럭거리던 그때, 나를 지켜낸 것은 작고 소소한 루틴이었다. 나만의 루틴으로 삶의 방향 키를 놓치지 않았다. 스스로 주인이 되는 삶을 살 수 있었다. 그렇게 그 어두운 터널을 지났다.

난임 휴직을 했다고 아침부터 밤까지 임신만 생각하며 보낼 수는 없는 노릇이었다. 임신과 출산이 최우선의 목표였지만, 하루하루를 좀 더 의미 있고 가치 있게 보내고 싶었다. 그래야 내가 임신이라는 명제에 매몰되지 않고 그 시기를 현명하게 보낼 수 있겠다 싶었다. '셀프 미션'이라는 이름을 붙여 매월 초 미션 목표를 공표하고, 이후 매일 실천한 결과를 블로그에 기록으로 남겼다. 4개월가량 지속하니 스스로 느끼는 성취감 외에도 '꾸준히 하는 사람'이라는 새로운 수식어가 붙었다. 함께 하고 싶다는 댓글이 이어졌다. 용기를 내 함께하자고 손을 내밀었다. 자신이 꿈꾸는 모습을 위해 매일 꾸준히 미션을 실행하여 좋은 습관을 만드는 프로젝트를 시작했다. **내게 붙은 '꾸준히 하는 사람'이라는 수식어, 이는 외부의 소용돌이 속에서 나를 잃지 않고 내 삶의 조종간을 지키기 위한 몸부림의 대가였다. 내가 살기 위해 시작했던 셀프 미션은 나 개인을 넘어 공동체가 함께 하는 프로젝트로 이어졌다.**

원인을 알 수 없는 난임 환자, 그게 나였다. 병원에서도 해 줄 수 있는 게 많지 않았다. 개인이 할 수 있는 노력과 의지로 해결하거나 개선할 수 있는 부분이 딱히 없으니 점점 더 무기력해졌다. 사람이 극한의 상황에 몰리면 신의 존재나 초자연적인 힘을 찾기도 한다. 나 역시 그런 보통 사람이었다. 시작은 모호하지만 끊기지 않고 구전되는 샤머니즘에 주기적으로 흔들렸다. 흔들리고, 알아차리고, 중심을 잡고, 다시 흔들리기를 반복했다. 이 지난한 여정 속에도 루틴을 놓지 않았고, 그 실천은 꾸준히 기록으로 남겼다. 처음에는 용기가 없었다. 어두운 터널을 빠져나가지 못한 내가 과연 누군가의 아픔을 보듬어주고 용기를 주며 함께 나아갈 수 있을지 두렵기도 했다. 브렌든 버처드 작가는 《백만장자 메신저》에서 당신이 힘든 시기를 헤쳐 나와 소중한 교훈을 얻었다면 그것을 다른 사람에게 알려 나만큼 힘든 일을 겪지 않도록 돕는 것이 의무라고 하였다.

삶의 중심을 잡기 위해 몸부림쳤던 나의 노력들이 글로 남았다. 이런 나의 이야기를 나누고 함께 하면 되지 않을까 하는 용기가 생겼다. 내가 그랬던 것처럼 개인의 노력으로 해결할 수 없는 외부 요인으로 힘든 시간을 보내고 있는 이가 있다면 경로를 조금 벗어나도 괜찮다는 위로를 전할 수 있겠다 싶었다. 그럼에도 불구하고 주체적인 일상을 살아가자고, 삶의 소용돌이에 묻혀버린 우리의 꿈을 다시 살려내자고, 함께하면 좀 더 수월하게 해낼 수 있을 테니, 이 손이라도 잡아보지 않겠냐며 손 내밀고 싶었다. 2019년 11월 마침내 이 작은 프로젝트의 이름을 '내꿈소생'이라 명명하고 용기 낸 마음을 행동으로 옮겼다. 프로젝트를 통해 만난 이들은 서로가 서로를 위로하고 응원하며 각자의 루틴을 만들어 갔다.

'내꿈소생'은 삶의 소용돌이에 묻혀버린 우리의 꿈에 숨을 불어넣어 다시 뛰게 하는 프로젝트였다. 삶의 방향 키를 쥐고 꿈을 이루기 위한 좋은 습관을 함께 만들어가는 실천이었다. 흔들림을 부정하는 대신 알 아차리고 중심을 잡기 위한 노력이었다. 초기에는 꿈이 비교적 선명한 이들이 그 꿈을 이루기 위한 좋은 습관을 기르는 것에 집중했다. 그러다 보니 자신의 꿈이 명확하지 않은 사람은 진입장벽을 느끼기도 하였다. 초심으로 돌아가 생각해 보았다. 책을 읽고 이 프로젝트를 기획했던 당시의 나를 떠올려 보았다. 내가 할 수 있는 게 무엇인지, 다른 사람에게 전할 수 있는 가치가 무엇인지 막막했던 시간이 떠올랐다. 평소 친구나 동료의 끼와 재능은 기가 막히게 찾아주면서도, 정작 본인 문제가 되면 어려운 법이다. 자기 자신을 이해하지 못한 사람은 나 하나뿐이 아니었다. 고민 끝에 나를 찾아가는 질문들에 답해보는 과정을 추가했다.

아무리 정성껏 준비했어도 몇 개의 질문에 답해보는 경험만으로 진짜 나를 선명하게 이해하기는 쉽지 않다. 그리 말하는 프로젝트 운영자가 있다면 허위까지는 아니어도 과장일 수 있다. 그게 됐다면 그 많은 자기 계발이나 동기부여 강사들은 하루빨리 다른 길을 찾아보아야 할 것이다. 나조차 꿈이 무엇이고 자신이 잘하는 게 무엇인지, 좋아하는 게 무엇인지 묻는 질문에 선뜻 답하기 어려웠다. 술술 대답하지 못하더라도 이런 질문에 대해 한번 생각해 보는 것만으로도 나 자신과 조금 더 친해지는 기분이었다. 참여했던 이들 중 대부분이 살면서 인생의 중심에 자신을 두고, 내가 나에게 보내는 목소리에 귀 기울여 본 경험이 거의 없었다고 했다. 나 자신을 아끼고 사랑할 때 비로소 진짜 나를 겁먹지 않고 세상에 드러낼 수도 있다. 이런 시도를 했다는 것만으로도, 우리는 어제의 자신보다 성장한 오늘을 보낼 수 있었다. 내일도 다르지 않을 것이다.

겸손도 정도껏 해야 미덕

시험관 시술 횟수가 늘어가고 매번 0점 대 피검사 수치를 받을 때마다 인생 성적표를 받는 기분이었다. 아무리 아등바등해봐야 0점 대 인생이니 애써서 무엇 하나 싶었다. 나보다 결혼이 늦었던 친구, 후배, 동생들이 전하는 임신과 출산 소식에 자존감이 떨어졌다. 잠을 제대로 이루지 못하는 날이 많아졌다. 축하하는 마음 한편으로 질투와 시기에 몸서리쳤다. 이 모순적인 이중성에 자신을 혐오하는 날도 있었다. 만약 시험 준비였다면 어땠을까? 기대보다 낮은 성적이 나왔더라도 최선이 아닌 차선의 기회를 찾아볼 수 있다. 차선이 없더라도 시험 준비 과정 중 실력이 쌓였을 테니 준비 기간 전부가 무용하지는 않다. 난임 시술은 철저히 유(有)와 무(無)로 나뉘는 게임이었고, '비록 0점 대가 나와서 임신이 아니지만, 준비하면서 건강해졌으니 다음 차수에 도움이 될 것이다'와 같은 논리가 통하지 않았다. 그러다 보니 내가 이루었던 성취 경힘은 점점 흐릿해졌고, 현재 이루지 못하고 있는 것에만 자꾸 집중하게 되었다. 자존감은 점점 바닥으로 떨어졌다. 그때 누군가 잔뜩 위축된 내게 말했다. "본인이 이룬 99개는 다 빼고 왜 한 가지 이루지 못한 것에만 집중하나요? 99개의 성취와 본인의 강점을 먼저 드러내시면 됩니다. 본인 자랑을 좀 해보세요." 이 말을 듣고 그동안 성취한 것을 다시 떠올려 보았다. 그러고 보니 내가 그리 형편없는 사람은 아니었다.

꼭 나처럼 자신이 형편없다고 생각했던 한 소년이 있었다. 잘하는 게 정말 아무것도 없는 소년이었다. 공부도 못하고, 친구들과 뛰어놀지도 못하고, 존재감 없이 교실 구석에 틀어박혀 수업이 끝나기만을 기다리는 그런 아이였다. 어느 날 교실에 쥐가 나타났다. 선생님과 아이들 모두 혼비백산이 되어 쥐를 잡기 위해 난리를 떨었지만 대체 쥐가 어디에 숨었는지 알 수가 없었다. 그때 구석에 있던 그 존재감 없던 아이가 조용히 일어나 벽장을 가리켰다. "쥐가 벽장 속에 숨어있는 소리가 들려요." 모두 함께 벽장을 열어보니 정말 쥐가 있었다. 선생님은 소년을 불러 칭찬해 주었다. "넌 참으로 놀라운 능력을 갖췄구나, 네 귀는 정말 특별하구나!" 자신이 가진 수많은 약점 대신 유일한 강점에 주목하여 강점지능을 키워간 이 아이는 바로 가수 스티비 원더이다. 이 소년이 수많은 단점을 극복하려 애쓰느라 자신이 가진 유일한 강점에 주목하지 못했다면, 우리는 스티비 원더의 〈I just called to say I love you〉 같은 명곡을 듣는 행운을 누리지 못했을 것이다.

대한민국에 사는 우리는 겸손이 미덕이라는 사회적 동의하에 성장했다. 사회 전반에 깔린 이 문화는 자신의 강점을 드러내는 이에게 '잘난 척한다'라는 부정적 평가를 내린다. 이 문화에서 나고 자란 우리는 습관적으로 겸양하며, 잘난 점은 제쳐두고 부족한 점만 의식한다. 각자 타고난 고유한 재능이 있을 텐데, 약점을 보완할 방법만 고민한다. 이런 비효율이 또 있을까? 발명가 에디슨, 화가 빈센트 반 고흐, 작가 톨스토이, 그리고 수영 챔피언 마이클 펠프스의 공통점은 무엇일까? 이들은 ADHD 특성을 가졌지만, 오히려 자신의 강점을 살려 한 분야에서 크게 성공했다. ADHD 진단을 받은 사람은 대체로 주의가 산만하고 충동적인 편이다. 그러나 관심이 있거나 좋아하는 일에는 다른 일을 모두 잊을 만큼 집중력을 보이고, 천재적인 창의성을 발휘하기도 한다. **자신의 강점과 장점을 드러내는 것은 알을 깨고 세상으로 나오는 것과 같다. 누군가 대신 발견해 알을 깨주면 좋겠지만, 없다면 스스로 하면 된다. 내 생각, 느낌, 의견, 성취에 관심을 주자 미처 몰랐던 강점을 발견하기도, 세상에 나의 쓸모를 알리게 되기도 하였다.**

'겸손'을 미덕이라고 생각하는 만큼, '욕심'이라는 단어에 대한 사회적 인상은 좋지 않다. 스크루지, 뺑덕어멈 등 욕심 많은 사람은 보통 악인으로 표현된다. 욕심 많다는 소리를 들으면 기분 나빠하고, 욕심과 탐욕이 같은 선상에 있다고 생각한다. 나 또한 그랬다. 그렇기에 어느 날 친구가 자신의 아이가 욕심이 없어 고민이라고 했을 때 당황했다. '나는 평생 욕심을 비우려 노력 중인데, 욕심이 부족해 고민이라니.' 부모님이 인정하실 만큼 욕심도 많고 시기와 질투도 대단했다. 맡은 업무의 완성도에도, 주위의 관심과 사랑에도 욕심이 났다. 이를 알아본 누군가가 '당신은 욕심이 많군요'라고 말하면, 그 말은 또 듣기 싫었다. 나 또한 이 단어에 부정적인 프레임을 씌웠기 때문이다. 그런데 욕심이 정말 나쁘기만 할까? 좋은 점은 하나도 없을까?

어려운 표현을 잘 해내고 싶은 욕심이 있었기에 리틀 김연아, 포스트 김연아라 불리는 유영 선수는 마침내 트리플 악셀이라는 고난도 점프 기술에 성공하며 자신의 우상이었던 김연아 선수를 뛰어넘을 수 있었던 게 아닐까? 좋은 음악과 퍼포먼스를 보여주고 싶다는 욕심이 있었기에 방탄소년단은 세계 정상에 우뚝 서 이전의 누구도 쓰지 못했던 자신들만의 역사를 써나가고 있는 게 아닐까? 왜 그리 열심히 사냐는 질문을 받기도 했다. 일할 때는 당연하고 심지어 놀 때도 말이다. 입사 이후 영어 공부를 놓지 않았고, 휴직 중에는 꾸준히 책을 읽고 글을 썼다. 주어진 과업뿐만 아니라 하고 싶은 일까지 모두 잘 해내고 싶은 욕심이 여전하니 지금도 매일 촘촘하게 살아갈 수밖에. 아이가 욕심이 없는 편이라 고민이라던 친구는 아마도 욕심이 게으름을 타파하고 발전과 성장의 원동력이 된다는 사실을 알고 있었나 보다. 의지를 북돋고 인내력을 키워주는 욕심의 긍정적인 역할을 간파한 게 분명하다.

아이의 타고난 재능을 발견하고 키워주기 위해 노력하는 부모가 정작 중요한 사실을 간과할 때가 있다. 앞서 강조했듯, 아이는 부모를 미러링 하면서 성장한다. 자존감이 높은 부모를 미러링 한 아이가 자존감이 높은 아이로 성장할 확률이 더 높다. 아이를 위해서라도 자신의 강점 드러내기를 주저해서는 안 된다. 자존감 상승은 단점을 극복하려 애쓰기보다는 강점과 가능성에 집중할 때 자연스레 따라온다. 아직 부족하지만, 나 역시 약점보다는 강점에 주목하려 노력 중이다. **내가 서 있는 지면이 흔들릴수록 나를 지탱해 줄 뿌리, 나만의 강점을 찾아야 한다. 꿈을 찾고 그 꿈을 이루고 싶다면 역시 자신의 재능 찾기가 중요하다. 내가 잘하는 것이 있다면 표현하고, 더 잘하고 싶다는 욕심도 내어야 한다.** 사소하다 여겼던 강점, 쓸모가 있을까 싶었던 재능, 그게 무엇이든 집중하여 파고들다 보면 나의 강점 지능이 점점 커져 약점을 뒤덮게 될 것이다. 자신이 가진 단 하나의 강점에 집중하여 '잘하는 게 아무것도 없던 소년'에서 '세계적인 팝 음악가'로 놀라운 성장을 이룬 스티비 원더처럼 말이다. 겸손은 무조건 옳고 욕심은 무조건 틀렸다는 이분법적 사고에서 우리 조금 자유로워지면 어떨까? 겸손도 정도껏 해야 미덕이다.

행복은 추구하는 것이 아니라 발견하는 것

우리는 밤이 깊도록 화덕 옆에 묵묵히 앉아 있었다. 행복이란 얼마나 단순하고 소박한 것인지 다시금 느꼈다. 포도주 한 잔, 군밤 한 알, 허름한 화덕, 바다 소리, 단지 그뿐이다. 그리고 지금 여기에 행복이 있음을 느끼기 위해 단순하고 소박한 마음만 있으면 된다.

누구나 불행한 삶보다 행복한 삶을 살고 싶어 한다. 고난과 시련이 가득한 삶을 선호하는 사람은 아마 없을 것이다. 열심히 일하고 돈을 버는 이유 모두 행복을 위해서라고 한다. 참 재미있다. 행복하기 위해 열심히 애쓰면서 행복하지 않다고 푸념한다. 사람은 즐겁고 행복했던 순간을 쉽게 망각하고, 매번 그보다 더 큰 행복을 갈구한다. 왜 그럴까? 대체 어떻게 하면 우리는 행복해질 수 있을까? 진정한 행복이란 무엇일까? 매일 밤 잠자기 전 야금야금 느리게 읽던 침실의 책 《그리스인 조르바》에서 이 질문에 대한 나만의 답을 찾았다.

　타닥타닥 장작 타는 소리에 화음처럼 쌓인 파도 소리로 가득 찬 공기를 느끼며 군밤 한 알을 안주 삼아 포도주를 마시는 유쾌한 낭만가, 조르바의 모습이 그려졌다. 바쁘고 복잡한 현대에 발을 걸치고 살아가고 있지만, 삶의 순간마다 차오른 행복을 춤으로 표현했던 이 그리스 남자처럼 살 수 없을까? 침실에 주광색 스탠드 불빛을 밝힌 채 조르바를 만났던 날 내가 있었던 공간은 소란스럽지 않고 안온했다. 멋대로 틀어놓은 발라드 음악이 장작 타는 소리를 대신했다. 소박하게 차오르는 무언가가 느껴졌다. **지금껏 행복을 무언가 크게 성취해야만 다다를 수 있는 어느 지점이라 생각했었다. 아니었다. 조르바처럼 행복할 수 있는데 필요한 것은 마음뿐이었다. 우리의 일상 곳곳에 이미 존재하는 행복을 발견하겠다는 마음이면 충분했다.**

　무라카미 하루키 작가는 하늘에 매연이 없고, 자동차가 적고, 사람 수가 적고, 서랍 속에 반듯하게 개켜진 팬츠가 쌓여 있다는 것만으로도 인생에 있어서 '작지만 확실한 행복'이 될 수 있다고 하였다. 알랭 드 보통 작가는 이 세상에서 부유한 사람은 상인이나 지주가 아니라, 밤에 별 밑에서 강렬한 경이감을 맛보거나 다른 사람의 고통을 해석하고 덜어줄 수 있는 사람이라고 하였다. 이렇듯 행복은 추구의 대상이 아니라 발견의 대상이고, 거창한 것이 아니라 소소한 것에서 시작한다. 나의 꿈을 이루기 위해 지금이 아닌 미래에만 관심이 집중된 삶을 산다면 현재에 머무는 우리가 느끼는 공허함을 채울 길이 없다. 사실 우리가 경험하고 느끼는 모든 것은 어제도 내일도 아닌 바로 오늘, 지금 이 순간에 있다.

> 봄이 어디 있는지 짚신이 닳도록 돌아다녔건만
> 정작 봄은 우리 집 매화나무 가지의 걸려 있었네.
>
> 행복이 어디 있는지 짚신이 닳도록 돌아다녔건만
> 정작 행복은 내 눈앞에 있었네.

이 시는 대한민국 광고계를 대표하며 창의성의 아이콘이라고도 불리는 박웅현 작가가 《책은 도끼다》에서 소개했던 작자 미상의 중국 시이다. 온 동네를 누비며 찾아 헤맸던 봄은 우리 집 매화나무 가지에, 행복은 내 눈앞에 있었단다. 그걸 모르고 짚신이 닳도록 돌아다녔단다. 지금 우리의 모습이 꼭 이럴지도 모르겠다.

현실이 팍팍할수록 내가 발 디딘 땅에 만족하지 못하고 손에 잡히지 않는 막연한 희망만을 추구하는 파랑새 증후군(bluebird syndrome)에 빠지기 쉽다. 또, 이상과 다른 현실을 인정하지 못하고 가능성이 있는 상태에 계속 머무르고 싶어 하는 가능성 중독에 빠지기 쉽다. 지인 중 하나는 말버릇처럼 '행복할 것 같다'는 표현을 자주 썼다. 들을 때마다 참 어색했다. 행복은 과거형도, 미래형도, 가정형도 될 수 없다. 그저 지금 이 순간에 느끼는 현재형만이 가능하다. 살아갈수록 일상이 소중했다. 행복도 희망도 내가 보낸 오늘 하루에 그 답이 있었다. 주위에 널려있는 평범하고 소소한 행복을 발견하려 노력해 보았다. 행복 수집을 시작하니 하루가 달라졌다. 미래에 혹시 마주할지도 모를 어둠도 이 행복 꾸러미가 있다면 이겨낼 수 있을 것 같아 든든했다. **건강을 지키려면 어쩌다 한 번 먹는 고급 레스토랑의 스테이크나 랍스터가 아니라 매일 먹는 집밥을 잘 챙겨야 한다. 마음도 마찬가지이다. 커다란 한 방의 행복 폭탄이 아니라 일상의 작은 행복 조각 수집을 더 열심히 해야 한다. 그래야 외풍이 심해도 마음에 탈이 안 난다.** 행복의 파랑새를 찾아 오늘도 헤맬 당신의 손에 이미 파랑새가 있는 건 아닌지, 더 큰 새를 기다리다 날려보내지는 않을지 걱정이다.

행복보다 재미와 기쁨은 어때?

복직 후 의도치 않게 자연 임신이 되어 가슴이 벅차올랐던 순간도 잠시였다. 또다시 유산을 하고 나니 세상에서 가장 불행한 사람은 역시 나였구나 싶었다. 그 와중에 예능 프로그램을 보고 웃음을 터트리는 남편이 괘씸해 질문을 던졌다. "남편, 요즘 행복해?" 남편은 선뜻 고개를 끄덕이지 않았다. "그럼 요즘 불행해?" 바로 타박이 이어졌다. "그런 이분법적인 사고는 옳지 않아." 남편이 쏟아낼 잔소리를 끊고 되물었다. "행복하지 않다며, 그럼 왜 행복하지 않은데?" 나의 추궁에 머뭇거리던 남편은 느리게 대답했다. "유미양 몸도 지금 이렇고, 코로나 때문에 여행도 못 가고, 외출도 자유롭지 않으니…." 행복해지고 싶어서 아이가 있는 가정을 꾸리고 싶었던 건데 행복이 차오르기는커녕 유산이 반복될수록 행복 수조가 비어가는 느낌이었다. 감사 일기를 쓰지 않았다면 이 행복 수조는 일찌감치 바닥을 드러냈을 것이다.

감사 일기는 어제와 다를 바 없는 평범한 하루를 보내며 지나치기 쉬운 작은 행복을 수집하는 일과 같았다. 때론 충분하지 않게 느껴졌다. 감사 일기를 꾸준히 쓰고 있지만, 행복이라는 단어가 묵직하게 다가오기도 했다. 그렇다면 행복 대신 재미를 찾아보면 어떨까? 취미를 직업으로 바꾸는 게 취미라는 '재미주의자' 김민식 작가는 《내 모든 습관은 여행에서 만들어졌다》에서 '나는 행복한가?'라고 묻기보다 '이건 재미있는가?'라고 묻는다고 하였다. 행복이란 관념은 크고 막연하니 즉각적인 판단이 가능한 재미로 살짝 우회해 보는 것이다. 행복하냐는 질문에 선뜻 답하지 못했던 남편에게 다시 바꿔 물었다. "남편, 그럼 요즘 재미있는 건 없어?" "글쎄…." 머뭇거리는 남편을 채근했다. "왜? 자기 〈유 퀴즈〉 볼 때 재밌다며?" "그건 그렇지." 느릿한 대답에 속이 타 다시 물었다. "웹툰 보거나 나랑 수다 떨 때도 재미있지 않아?" 남편은 드디어 맑아진 표정으로 대답했다. "맞아, 그렇긴 해. 유미양이랑 이야기할 때 재밌어." 행복이 별거인가? 재미와 즐거움을 느끼는 일을 하고 있다면 그게 행복이지 않을까?

당시 내 상황은 행복은커녕 소소한 재미나 즐거움과도 어울리지 않았다. 혹시 남았을지 모를 임신의 잔재를 배출시키기 위해 하루 3번 먹는 약은 자궁을 수축하는 본래 역할에 그치지 않고 속쓰

림과 설사를 수반했다. 조금 다른 예를 살펴볼까? 애인과 이별을 했다면 어떨까? 이별의 쓰라림에 밥도 먹기 싫고, 재미있다고 소문난 코미디 프로를 보아도 웃음이 터지지 않을 것이다. 갑자기 실직했거나 사랑하는 이를 떠나보냈다면 어떨까? 그 비통함과 참담함을 감히 글로 표현하기도 어렵다. 살다 보면, 행복과 어울리지 않는 상황임에도 본인도 모르게 웃음이 터져 머쓱해지는 경우가 있다. 2002년 월드컵 4강이 열리던 날 슬픔이 가득해야 마땅할 장례식장에 모인 사람들 모두가 이런 경험을 하였다. 상복을 입은 이조차도 하얀 치아를 내보이며 함박웃음과 함께 환호성을 터트렸다. 그 모습이 하도 특이하여 뉴스에까지 소개가 될 정도였다. **슬픔, 절망, 고통, 시련의 순간 속에서도 찰나의 기쁨과 환희의 순간은 있는 법이다. 그 순간을 지나치지 말고 수집해 보면 어떨까? 별거 아닌 작은 재미가 무기력을 깨우고 행복을 불러올지 또 누가 아는가?** 칠흑 같은 어둠 저편에 반짝이는 빛이 지금은 미약해 보이겠지만, 결국 그 작은 빛이 이 어둠을 거두게 될 것이다.

자신이 어떤 순간에 긍정적인 감정을 느끼는지 제대로 알고 있다면, 고통과 슬픔에 잠식되었을 때 맞춤 처방전처럼 사용할 수 있지 않을까 하는 생각이 들었다. 더 늦기 전에 기쁨을 느끼는 순간을 지나치지 말고 기록해두자 결심했다. 좋은 건 같이 해야 미덕이니 온라인 커뮤니티에서 자신만의 기쁨 채집을 위한 #오늘기쁨 이벤트를 진행했다. 그 결과 개개인이 기쁨을 느끼는 순간은 그리 대단하지도 거창하지도 않았다. 또, 개별적이면서 동시에 공통적이었다. 과거의 후회도 미래의 걱정도 없이 지금 이 순간의 즐거움을 온몸과 온 마음으로 느끼는 아이처럼, 느낌과 감정에 솔직해지자 마음먹으니 일상의 모든 순간 속에서 기쁨을 채집할 수 있었다.

맞춤 처방전이나 상비약처럼 내 마음이 어둠으로 가득 찼을 때마다 찾던 작은 손전등이 있다. 바로 웹툰 〈유미의 세포들〉과 방탄소년단의 영상이다. 유미의 행복에 진심인 세포들의 명랑한 고민이 꼭 나를 위한 게 아닌가 싶어 위로가 되었다. 내 몸 안에 세포들이 홍수를 막으려 얼마나 애를 쓰고 있을지 가늠해 보기도 했다. 열정적인 방탄소년단의 무대 영상을 보고 있노라면 피도 수분도 다 빠져나간 듯 무기력했던 몸에 조금씩 에너지가 충전되는 기분이었다. 팬들에게 전하는 속 깊은 말이나 순수한 모습은 차갑게 얼은 마음을 녹여주었다. 내 안의 못다 핀 생명을 물컹하게 내보내고 눈물을 쏟았던 그때 나를 다시 밝혀준 것은 이 두 가지였다. **마음이 힘들고 아플 때는 우선은 바닥을 찍어야 한다. 저 바닥 끝까지 가지 않고 대충 마감하면 반드시 언젠가 다시 덧나게 된다. 일**

단 바닥을 찍었다면 그다음에는 적당한 위로와 응원이 필요하다. 미리 손전등을 챙겼다면, 새카맣게 어두운 마음의 동굴에 있더라도 가녀린 첫 번째 기쁨의 빛을 밝힐 수 있을 것이다. 감정 이입하며 위로받았던 웹툰 속 유미의 일상, 삶을 포기하지 않도록 응원해 주었던 방탄소년단의 음악과 춤, 이들이 서른아홉 9월의 아픈 나를 다시 살렸던 재미이자 기쁨이었다. 어둠을 깨는 나만의 비법, 작은 손전등이었다.

방향성을 가진 '존버'라고나 할까?

탄환처럼 빠르게 튀어 나가는 친구가 있는가 하면, 느림보 중의 느림보라는 정원 달팽이처럼 느릿느릿 출발하는 친구도 있었다. 오래달리기 하나에도 40명이 넘는 반 아이들이 보여주는 모습은 서로 달랐고 각자의 개성이 드러났다. 인간 탄환이 된 아이들 중에는 페이스를 유지하지 못하고 속도가 점점 느려지거나, 심지어 중도 포기하는 친구도 있었다. 반면, 흔들리지 않고 본인만의 페이스를 유지했던 인간 달팽이 친구는 적어도 완주의 기쁨을 누렸다. 나는 이 중 후자인 달팽이 과였다. SNS 세계에 진입해 보니 전력 질주하며 짧은 기간에 놀라운 성과를 내는 이들이 많았다. 디지털 노마드라는 목표를 향해 빠르게 달려가는 그들 사이에 있자니, 나 혼자 멈춰 서 있는 듯한 기분이었다. 손에 잡힐 듯한 열매를 포기하는 게 더 아쉬운 것처럼, 그들이 이뤄낸 성취가 나 역시 마음만 먹으면 충분히 해낼 수 있을듯하여 더 조바심 났다. 습관 구축이나 루틴 만들기를 하루 이틀 하고 말게 아니라면 느슨하고 꾸준히 하는 게 더 중요하다고 말하면서, 정작 나는 쭉쭉 뻗어나가는 누군가와 자신을 비교하고 흔들리기 일쑤였다. 달팽이 과였음을 망각하고 인간 탄환이 되고 싶어 했다.

심리학은 물론 언론, 교육, 스포츠 등 다양한 분야에 '그릿 열풍'을 일으켰던 앤절라 더크워스 작가는 창작을 위해 '일상의 의식화'를 강조했다. 나는 이것을 '방향성을 가진 실천'이라고 해석했다. 속력(speed)은 단순히 빠르기만 의미하지만, 속도(velocity)는 빠르기에 방향이 더해진 것을 뜻한다. **그저 빠르기만 한 속력은 성취 없이 진만 빼게 할지도 모른다. 빠르기에 방향이 더해진 속도가 필요하다. 방향성이 있는 노력으로 매일을 보낸다면 우리가 원하는 방향에 조금씩 가까워질 것이다.** 흔히 인생을 마라톤에 비유한다. 진부하지만 적절한 표현이다. 오래달리기도, 디지털 노마드도, 42.195km 마라톤 같은 우리의 인생도 나만의 속도를 유지하는 게 중요하다. 그래야 오래갈 수 있기 때문이다.

그동안 뛰었던 모든 종류의 오래달리기에는 정해진 결승선이 있었다. 어디로 뛰어가야 하는지 분명했다. 단 하나, 우리의 삶만은 예외였다. 목표지점이 주어지지 않았고, 스스로 뛰어갈 방향을 정해야 했다. 주어진 대로, 끌려가는 대로 살아가는 수동적인 삶에 익숙해진 나는 이 방향 설정부터 낯설었다. 어떤 방향으로 뛰어야 할지 막막했다. 나무 맨 꼭대기에 위치한 줄기를 우듬지라고 한다. 이 아이가 왜 중요하냐면, 한 나무의 성장 방향을 결정해 주는 내비게이터 같은 역할을 담당하기 때문이다. 나무가 일정한 수형을 유지하며 자랄 수 있게끔 하는 우듬지처럼 우리의 삶이 흔들리지 않고 나아갈 수 있게끔 해줄 내비게이터는 무엇일까? 삶의 목적이나 꿈이 우리의 성장 방향을 결정해 줄 우듬지라고 생각한다. 이런 게 분명하다면, 살아가면서 만나게 될 크고 작은 문제를 조금은 지혜롭고 수월하게 헤쳐나갈 수 있다. 분명한 꿈을 이루기 위해 필요한 실천이라면, 느슨하지만 꾸준히 지속하게 된다. 매일 이어가는 실천은 시간이 쌓이면서 자연스럽게 습관이 되고 루틴이 된다. 일상 중 생각 없이 반복적으로 하는 사소한 행동이 분명한 방향성을 가지게 되니 그 영향력은 몇 배가 될 것이다.

　한동안 진행했던 습관 프로젝트의 첫 번째 과제는 꿈을 이루기 위해 매일 진행할 미션 선포였다. 학생 때는 꿈을 가져야 한다는 압력을 많이 받기도 했고, 스스로도 꿈은 무엇인지, 어떤 일을 하면서 살고 싶은지, 어떤 사람이 되고 싶은지 고민해 볼 기회가 많았다. 성인이 되고 나니 오히려 그것에 대해 생각할 일이 없었다. 꿈도 삶의 목표도 없이 살아가는 하루하루는 비행기가 출발했지만 조종간을 잡고 있는 조종사가 목적지를 입력하지 않고 운항하는 것과 다를 바 없었다. 목적지가 없는 비행기는 어디로 가야 할지 갈피를 잡지 못하고 상공을 헤매다 연료가 떨어져 추락하는 운명을 맞이할 수도 있다. 회사라면 비전, 로드맵, 전략 등이 분명해야 장르를 선도하는 기업으로 도약할 수 있고, 개인이라면 삶의 목적, 꿈, 목표가 있어야 나만의 장르를 가지고 휩쓸리지 않는 삶을 살 수 있다. **살다 보면 예상치 못한 태풍이나 난기류 등을 만나게 될 수 있다. 최종 목적지가 제대로 입력되어 있고 내가 스스로 조종간을 놓지 않는다면, 적어도 내 삶의 비행기가 경로를 잃고 헤매다 추락하는 일은 없을 것이다.**

마라톤 경주는 최적의 상태로 조성된 트랙 위를 달리는 여느 육상 경기와 다르다. 경기가 개최되는 장소에 따라 코스 환경이 천차만별이다. 인생 역시 나를 둘러싼 환경과 내가 마주할 상황이 일정하지 않고 계속 변한다. 나만 해도 임신과 출산으로 이런 시련을 겪을지 상상이나 했겠는가? 현실에 치이다 보니 왜 필요하고, 왜 중요한지 이해했지만, 꿈이 무엇인지 삶의 목적이 무엇인지 선명하게 바로 답을 찾기 어려웠다. 질문을 바꿔 어떤 사람으로 기억되고 싶은지 생각해 보았다. 인생의 마지막 장면이 어떤 모습이었으면 좋을지, 사랑하는 가족과 친구들이 나를 어떻게 기억해 주길 원하는지, 어떤 묘비명을 남기고 싶은지, 그들에게 마지막으로 어떤 말을 전하고 싶은지. 이런 질문들에 대한 답이 모이니 내 삶의 목적이 조금씩 선명해졌다. 무한하다 느껴지던 시간이 유한하다는 것을 인지하는 것만으로도 내 삶에 정말 소중한 것이 무엇인지 깨닫게 되었다.

프랑스의 실존주의 철학자 장 폴 사르트르는 "인생은 B(Birth)와 D(Death) 사이의 C(Choice)이다"라고 하였다. B와 D 사이의 짧은 삶을 살아가는 우리가 대면하는 선택(C)의 순간은 다음이 없는 오직 한 번뿐이다. 마감 임박이나 품절 임박 등의 안내가 떠야 구매 욕구가 샘솟듯, 유한성과 희소성이라는 특징은 삶을 더 가치 있게 느껴지도록 하였다. 영원한 줄 착각하며 낭비했던 시간이 아까웠다. 예상치 못한 난임이라는 새순이 하나 돋아났다고, 그 방향으로만 가지를 뻗어나가게 되면 '나'라는 나무의 수형이 뒤틀릴 게 분명했다. 우듬지가 무엇인지, 우듬지가 가리키는 방향이 어디인지 돌아보아야 했다. 조금 느리게 다시 내 자리로 돌아왔고, 꿈과 삶의 목표라는 결승선을 향해 나아가고 있다. 지금 어디를 향해 달려가고 있는지, 왜 그리 열심히 뛰는지, 내가 누구이고 내 삶의 궁극의 목적이 무엇인지 스스로 묻고 답하며, 주기적으로 인생 로드맵을 업데이트하고 있다. 나만의 속도계에 맞춰 천천히 그렇지만 멈추지 않고 있다. 그냥 계속하는 게 아니라 방향성을 가진 '존버'라고나 할까? 내가 다른 건 몰라도 '버티기' 하나는 기똥차다고 자부한다.

일곱 번째

글쓰기

내가 원하든 원하지 않든

살면서 우리는 다양한 흔들림의 상황에 놓이게 된다.

키를 넘기는 큰 파도 앞에 애처롭게 펄럭거리던 그때,

나를 지켜낸 것은 작고 소소한 루틴이었다.

나만의 루틴으로 삶의 방향 키를 놓치지 않았다.

스스로 주인이 되는 삶을 살 수 있었다.

그렇게 그 어두운 터널을 지났다.

이 사람 덕분이었다

"첫 손녀라 그런가 할머니는 우리 유미가 늘 특별해. 우리 유미만 생각하면 마음이 애달파."

남편 친구가 복숭아를 보내주었다. 올여름만 벌써 세 번째였다. 고마운 마음을 남편을 통해 전하고 나니, 나랑 입맛이 비슷한 외할머니가 떠올랐다. 마침 엄마가 외가댁에 들를 일이 있다고 하셨다. 자주 찾아뵙지 못하는 죄송한 마음을 복숭아에 담아 엄마 편에 보내드렸다. 휴대폰이 울렸다. 예상대로 외할머니였다.

"남편이랑 아끼지 말고 맛있는 것도 많이 사 먹고 즐기면서 살아. 아이가 없으면 어때? 꼭 잘 크리라는 법도 없어. 신랑이랑 오손도손 행복하게 살아 우리 손녀, 알았지?"

올해 초까지만 해도 임신에 도움이 된다는 갖은 풍속을 전해주느라 바쁘셨는데, 어쩐 일이시지? 윙~ 전화를 끊고 젖은 머리를 휘휘 말렸다. 헤어 전문가들이 쓰는 드라이기라더니 모터 소리가 유난했다. 귓전에서 울려대는 소리가 고막을 통해 들어왔다. 윙~ 애달프다는 외할머니의 목소리가 몰아붙이는 모터 소리에 밀려 가슴 깊숙이 박혔다. 나를 생각하면 외할머니의 마음은 왜 애달플까?

한차례 시원하게 비가 쏟아지고 나더니 뜨거운 바람이 숨이 죽었다. 해가 지고 선선해진 바람이 활짝 열어놓은 창으로 맞바람 치던 날, 남편은 11년째라는 장수 예능 프로 〈런닝맨〉을 보았고, 나는 극한 환경을 탓하지 않고 소파에 누워 책을 읽고 글을 썼다. 우리가 이렇게 평온한 주말을 보낼 수 있는 것이 얼마나 감사한지, 각자의 자리에서 최선을 다하며 보낸 지난 일주일을 마무리하고 새로운 한 주를 준비할 수 있어 얼마나 고마운지, 조금 뭉클하기까지 했다. 그러나 이 남자를 처음 만났을 때를 떠올리면 지금의 우리 모습은 꽤 의외이다.

"저는 살사와 스노보드를 좋아해요. 취미가 어떻게 되세요?" 한동안 매주 주말 이 문장을 반복했다. 소녀 시절, 아니 20대 때는 나만의 분명한 프레임이 있었다. 외모, 직업, 스타일, 목소리, 취미 등. 소개팅 횟수가 늘어날수록 그 프레임은 더 촘촘하고 견고해졌다. 30대 초반이 되어 배우자를 찾기 시작하며 최고조에 이르렀다. 그런데 이 기준에 어긋나기만 했던 남자랑 어찌어찌 연애를 하고 결혼을 했다. 희한한 일이었다. 살면 살수록 그 시절 이리 재고 저리 재며 따졌던 모든 조건들이 얼마나 부질없었는지 느끼고 있다.

남편 이마의 M자는 해가 다르게 진해져 가고 있다. 시아버지의 현재 모습으로 미루어볼 때 조금 시원한 헤어스타일의 남편과 살아가게 될 미래를 피하기는 어려울 듯싶다. 내가 견고하게 쌓아올렸던 프레임에 M자형 이마를 가진 남자가 있었을 리 없다. 난임의 터널과 끝내 아이가 없는 비자발적 딩크족의 삶도 없었다.

이 남자를 만나 가까워지고 사랑하며 살아가기까지 나는 움켜쥐었던 조건들을 하나씩 버리는 과정을 거쳤다. 삶도 마찬가지였다. 집착하던 이상에서 거리가 조금 멀어진 지금의 삶을, 이 어쩔 수 없음을 느리게 인정하고 있다. 나이가 들면서 체력이나 기억력 등 아쉬운 것들이 수두룩하지만, 어쩔 수 없는 것들을 좀 더 수월하게 받아들이게 된 점만큼은 고마운 순기능이다.

"우리 요즘 너무 섹스리스(sexless) 부부 같지 않아?" 아이를 가지기 위한 노력을 중단한 이후 우리 부부는 잠자리가 거의 없었다. 사이가 소원하거나 부부 사이에 문제가 있지는 않지만, 이대로 괜찮을지 걱정이 되기 시작했다. 무심하게 툭 질문을 던져보았다. 남편의 대답은 의외였다. "유미양 또 아프면 어떡해." 임신이 되어도 유지되지 않고, 계속 유산을 하고 말았던 아내의 모습을 보면서 남편은 미안했었나 보다. 그는 그대로 말하지 못하는 고민과 걱정을 안고 있었던 것이다.

〈런닝맨〉을 보던 남편이 길게 누워 책을 읽고 있던 내 발을 들어 본인 무릎 위에 올렸다. 시선은 화면을 향한 채 손에 힘을 잔뜩 주어 꾹꾹 누르기 시작했다. 신경 쓰지 않고 읽던 페이지에 집중하다 참을 수 없는 고통에 빽 하고 소리를 질렀다. "아프잖아!!" 남편의 시선이 내게로 향하더니 심각한 투로 말했다. "여기 눌렀을 때 아파? 여기 아프면 신장이 안 좋은 거라는데. 유미양 신장이 안 좋은가?"

미래를 정확히 예견할 수는 없지만, 꽃길만 계속되지는 않으리라는 것은 짐작할 수 있다. 각자의 길을 걸어갈 우리에게 가장 중요한 것은 그 길이 비록 험난할지라도 끝까지 손을 놓지 않을 존재가 곁에 있을 지이다. 이 남자라면, 사뭇 진지한 표정으로 족보 없는 발 지압을 멈추지 않는 것처럼 내 손도 꼭 잡고 놓지 않을 게 분명하다. M자를 넘어 시원하게 벗어진 이마를 흔들어대며 주름 지고 굵어진 내 손을 잡고 손지압을 하겠다고 난리를 치겠지.

이 사람 덕분이었다. 내가 글을 쓰기 시작한 이후, 남편은 "앉아 있어. 내가 할게"가 입에 붙었다. 아내가 글쓰기에 몰입할 수 있도록 자신의 시간을 양보해 주는 게 그만의 위로였다. 남편 덕분에 글을 쓰며 아픈 경험을 토해낼 수 있었다. 책을 쓰겠다고 주말을 키보드 앞에서만 보낼 수 있었다.

"부부는 중요한 것들이 같아야 하는 관계입니다. 부부가 웃는 포인트가 같으면 일상이 즐겁고, 울거나 분노하는 포인트가 같다는 건 세계관이나 이데올로기가 같은 궤를 갖고 있다는 것입니다." 예능 프로 〈유퀴즈〉에 출연한 장항준 감독의 부부관을 듣고 옆에 앉은 그를 슬그머니 돌아보았다. 별거 아닌 일에 같이 웃기도 하고 같이 열을 내기도 하는 이 사람이 있어서 참 고맙다.

덕분이었다. 그리고 덕분이다.

당신이 글을 썼으면 좋겠습니다
: 이것만은 꼭 지켜주세요

[솔직한 글쓰기]

글쓰기 기술과 요령을 익힌다면, 그럴싸한 글을 쉽게 쓸 수 있을지도 모르겠다. 그러나 이렇게 기술로 포장한 글이 사람의 마음에 닿을 수 있을까? 글쎄, 잠시는 가능할 수도 있지만, 종국에는 포장된 글 속에 숨겨졌던 민낯이 드러날 것이다. 사는 만큼 써지는 게 글이다. 진정성 있는 글을 쓰고 싶다면, 그에 걸맞은 삶을 사는 것이 먼저이다. 유시민 작가는 글쓰기란 자신의 내면을 표현하는 행위로, 내면이 거칠고, 황폐하면 좋은 글을 쓸 수 없다고 하였다. 내가 쓴 글이 황폐하게 느껴진다면 글쓰기 실력을 탓할 게 아니라 내 삶을 돌아볼 일이다. 재미있게도 나는 글을 쓰다 보니 더 좋은 사람이 되고 싶고, 더 잘 살고 싶어졌다. 이러니 글쓰기를 멈출 수 없다. 좋으나 싫으나 계속 함께할 벗과 같다.

[서평 쓰기]

책을 열렬히 사랑하는 또 다른 방법은 책을 읽은 후 짧게라도 기록을 남겨보는 것이다. 책 리뷰나 서평을 써야겠다고 마음먹고 책을 읽기 시작하면, 마음가짐이 달라지고 몰입도가 상승한다. 목차나 작가 소개도 허투루 보지 않게 되고, 저자 의견에 그저 동조하고 따라가기보다는 나는 어떻게 생각하는지 계속 물으면서 읽게 된다. 주위를 둘러보면 글쓰기에 대한 마음의 장벽으로 서평 쓰기를 부담스럽게 생각하는 이들이 많다. 책 리뷰나 서평 쓰기만을 전문으로 하여 출간된 책을 쓴 저자들의 의견을 존중하지만, 과거에도 지금도 자유로운 서평 쓰기와 글쓰기를 지향한다. 방법이나 형식이 무엇이든 책을 읽은 후 생산자의 입장으로 글쓰기를 시도해 보는 것 자체가 의미 있고, 이것이 다시 독서에 주는 긍정적인 영향이 중요하다.

[감사 일기]

　매일 감사 일기를 쓰는 것만으로도 서로에게 잠재된 긍정적인 감정을 깨우고 증폭시켜 부정적 감정의 확산을 제어할 수 있다. 감사 일기는 우선 내 안의 불평불만을 해소하여, 편안하고 행복한 감정을 느끼게 한다. 또 내 안에서 깨어난 밝은 에너지가 나를 넘어 상대에게 전해져 그들 내면에 잠재된 긍정적 감정을 깨우도록 한다. 이로써 우리는 자신이 속한 모든 곳에서 매일 좋은 에너지를 발산하는 분위기 메이커가 되기도 한다. 좀 더 좋은 세상을 만들어가는 데 작은 보탬이 될 수도 있다. 감사 일기를 쓰는 것만으로도 세상을 정화하는 데 기여하는 셈이다.

[소비의 시간 vs 생산의 시간]

퇴근 버스에 몸을 구겨 넣고 스마트폰을 꺼내 들었다. 각종 SNS에 올라온 지인들의 하루를 구경하다, 흥미가 떨어지면 포털사이트 앱을 클릭해 그날의 기사를 둘러보았다. 집에 도착하면 콘텐츠 소비가 본격적으로 시작되었다. 조금 일찍 퇴근한 날에는 넷플릭스에서 추천해 주는 영화나 드라마 한 편을 보았다. 이와 동시에 스마트폰으로는 게임을 하거나 인터넷 쇼핑몰 사이를 파도를 타며 넘나들었다. 지인들과 주고받는 메시지로 핸드폰 알람은 계속 울려댔다. 어느새 잠자리에 들어야 할 시간이 되었다. 침대에 누워 새카만 어둠 속 핸드폰 화면만 환하게 밝힌 채 유튜브의 재미있는 영상을 휙휙 넘겼다. 밤은 소비의 시간이다. 하루를 보내느라 지친 우리는 새로운 콘텐츠를 생산하기보다 조금 더 쉬운 소비하는 쪽을 택한다. 반면 새벽은 생산의 시간이다. 새벽 기상을 한다면 복잡한 일상이 시작되기 전 매일 고정된 시간을 생산적인 일에 투자할 수 있다. 나만의 콘텐츠를 생산하는 글쓰기를 결심했다면, 새벽에 주목하자.

[작게 시작하기]

25세의 옥스포드 의대생 로저 베니스터는 1마일(약 1.6km) 육상 경기에서 마의 4분 벽을 깨보기로 했다. 그는 모두가 한계라고 규정하고 두려워했던 4분 장벽을 떠올리는 대신, 2초만 단축하면 그만이라고 생각했다. 4분 벽 돌파라는 목표를 잘게 쪼개 1초씩 단축하기로 계획하고 훈련에 매진했다. 마침내 1954년 5월 6일 옥스퍼드대에서 벌어진 대학 육상부와 아마추어 체육인 협회(AAA) 간의 대결에서 1마일을 3분 59초 4에 주파하였다. 이로써 그는 인류 최초로 1마일 4분 장벽을 깬 사람이 되었다. 그 어떤 원대한 꿈이라도 그 시작은 처음 내디딘 한 걸음부터이다. 한 걸음의 성취가 다음 걸음을 불러오고, 또 그다음을 불러온다. 이렇게 반복된 걸음이 습관이 되고, 마침내 꿈을 이루게 될 것이다. 만약 자신이 꿈에 가까워지지 못하고 있는 것 같아 고민이라면, 꿈을 꿈으로만 두고 행동하지 않은 게 아닌지 점검해 보아야 한다. 몸이 먼저 움직일 만큼 작은 실천을 지속할 때 비로소 우리의 꿈이 상상 속의 동화에서 벗어나 현실이 될 수 있다.

[자기 이해]

　자전거를 타다 넘어지면 어떻게 다치는지 아는 나이가 되어서야 타는 방법을 배웠다. 자전거를 처음 배우는 아이는 뒤에서 자전거를 잡고 함께 뛰어주는 부모님이 계시기에, 페달에 발을 올릴 수 있다. 연로하신 부모님께 자전거를 잡고 달려주시기를 기대할 수 없었다. 스스로 믿어주는 게 유일한 방법이었다. 자전거는 잠시 페달에서 발을 떼거나 한눈을 팔면 쓰러지고 만다. 인생도 마찬가지이다. 내 목소리에 귀 기울이려는 노력은 평생을 두고 지속하는 습관이 되어야 한다. 많은 사람들이 자기 계발을 위해 노력 중이다. 디지털 노마드, 경제적 자유, 수익의 파이프라인화, N잡러, 사이드잡 구축 등 모두 좋다. 단, 모든 자기 계발은 자기 이해가 바탕이 되어야 한다. 자신에 대한 선명한 밑그림 없이 남들이 하니 나도 해볼까 하는 따라 하기 식의 자기 계발은 모래 위에 집을 짓는 꼴이다. 단단한 축이 없으니 별거 아닌 외풍에도 무너지기 쉽다.

[건강한 욕심]

《부자 아빠, 가난한 아빠》를 통해 전 세계 수천만 사람들의 돈에 대한 인식을 바꿔놓았다고 평가받는 로버트 기요사키 작가는 해야 할 무언가를 피하고 있다면 약간의 욕심이 필요하다고 말했다. 그의 조언은 부를 축적하여 경제적 자유를 이루는 것에 대한 이야기였지만, 다른 분야에 적용 가능하다. 새벽 기상을, 독서를, 글쓰기를, 진실과의 대면을 피하고 있다면? 약간의 용기와 욕심이 필요하다. 무엇이든 빛과 어둠이 존재하기 마련이다. 욕심도 마찬가지다. 욕심이 많다는 말에 쓰인 프레임을 걷어내자. 평소 그런 소리를 들어왔다면, 인정하고 당당해지면 어떨까? 다만 배려의 마음을 잃지 않아야 하고, 욕심이 나를 잠식하지 않아야 한다. 나는 '너보다'가 아니라 '어제의 나보다' 성장하겠다는 건강한 욕심을 가져 보자.

[꿈, 목표, 계획, 그리고 삶의 목적]

꿈, 목표, 계획 등 그 말이 그 말 같고 헷갈릴 수 있다. 비슷해 보이는 이 단어들도 42.195km 마라톤에 빗대어 생각해 보자. 예를 들어 여기 한 청년이 있다. 그의 삶의 목적은 희망을 전하는 사람이고, 이를 위한 그의 꿈은 올림픽 마라톤 경주에서 금메달을 따는 것이다. 이 꿈을 이루기 위한 그의 목표는 1분 단축이고, 목표 달성을 위해 그는 폐활량과 지구력 강화 운동을 계획한다. 이 계획을 이루기 위해 그는 매일 복식호흡과 근력운동 미션을 실천한다. 이렇게 삶의 목적부터 실천 미션까지 연결이 매끄럽다면, 나만의 장르가 선명하고 자신만의 세계관을 가진 삶이 된다. 막연하고 큰 덩어리인 꿈이나 목표를 잘게 쪼개 오늘 하루만큼의 분량을 정했으니 일정한 실천이 가능하다. 이는 나만의 속력과 방향으로 설정된 속도계를 가지는 일이 되기도 한다.

참고도서 목록

《죽고싶지만 떡볶이는 먹고 싶어》, 백세희

《당신이 옳다》, 정혜신

《쓰기의 말들》, 은유

《당신의 꿈은 안녕하신가요?》, 제준

《코스모스》, 칼 세이건

《생각에 관한 생각》, 대니얼 가너먼

《기획자의 습관》, 최장순

《탁월한 사유의 시선》, 최진석

《여행의 이유》, 김영하

《글쓰기의 최전선》, 은유

《나의 글로 세상을 1밀리미터라도 바꿀 수 있다면》, 메리 파이퍼

《피프티 피플》, 정세랑

《방망이 깎던 노인》, 윤오영

《인연》, 피천득

《대통령의 글쓰기》, 강원국

《나는 그냥 버스기사입니다》, 허혁

《돈지랄의 기쁨과 슬픔》, 신예희

《아티스트 웨이》, 줄리아 카메론

《직업으로서의 소설가》, 무라카미 하루키

《원씽》, 게리 켈러

《하루 1시간, 책 쓰기의 힘》, 백작가

《매일 아침 써봤니?》, 김민식

《런치핀》, 세스 고딘

《홀로 성장하는 시대는 끝났다》, 이소영

《유혹하는 글쓰기》, 스티븐 킹

《이기적 유전자》, 리처드 도킨스

《에크하르트 톨레의 이 순간의 나》, 에크하르트 톨레

《최고의 변화는 어디서 시작되는가》, 벤저민 하디

《심심과 열심》, 김신회

《불편없이 살아보기》, 윌 보웬

《리본 RE:BORN》, 홍사라

《왓칭》, 김상운

《삶으로 다시 떠오르기》, 에크하르트 톨레

《치유》, 루이스 L. 헤이

《열두 발자국》, 정재승,

《난문쾌답》, 오마에 겐이치

《두려움이 인생을 결정하게 하지 마라》, 브렌든 버처드

《백만장자 메신저》, 브렌든 버처드

《그리스인 조르바》, 카잔차키스

《그릿》, 앤절라 더크워스

《부자 아빠 가난한 아빠》, 로버트 기요사키